Simone und Claudia Paganini

Der unbekannte MESSIAS

Die Ecken und Kanten des Jesus von Nazareth

Inhalt

TEIL C

»Denkt ihr, ich sei gekommen, Frieden zu bringen?
Nein, sondern vielmehr Zwiespalt!« (Lk 12,51)

»Nie mehr in Ewigkeit soll jemand Frucht von dir essen!«
(Mk 11,14)

»Bindet ihm Füße und Hände und werft ihn in die Finsternis
hinaus, da wird Heulen und Zähneklappern sein.« (Mt 22,13)

»... und es gibt Kastrierte, die sich selbst kastriert haben
wegen des Reiches der Himmel.« (Mt 19,12)

»Selig sind die Brüste, die keine Milch gegeben haben!«
(ThEv 79)

»Die Söhne des Reiches werden hinausgeworfen in die
äußerste Finsternis!« (Mt 8,12)

»Bringt das gemästete Kalb her und schlachtet es, und
lasst uns essen und fröhlich sein!« (Lk 15,23)

Da schnaubte er tief auf und sagte: »Was fordert diese
Generation ein Zeichen?« (Mk 8,12)

Und sofort nötigte er seine Jünger, in das Boot zu steigen.
(Mk 6,45)

»Die Armen habt ihr immer bei euch [...], mich aber habt ihr
nicht immer« (Mk 14,7)

»Begreift und versteht ihr denn immer noch gar nichts?«
(Mk 8,17)

Wie war Jesus wirklich?

Zum Gebrauch dieses Buches

Der älteste christliche Autor, ein jüdischer Pharisäer namens Paulus, schrieb um das Jahr 55 an die Mitglieder der Gemeinde von Korinth einen Brief. Er selbst hatte die Gemeinschaft einige Jahre zuvor gegründet. In seinem Brief berichtete er, dass er Jesus begegnet sei (1 Kor 9,1). Niemand schien damals diese Begegnung in Frage zu stellen, obwohl jedem klar gewesen sein muss, dass Paulus Jesus zu Lebzeiten weder in Jerusalem noch in Galiläa, wo dieser am längsten gewirkt hatte, getroffen haben konnte. Worauf Paulus sich in seinem Schreiben bezieht, ist eine mystische Begegnung mit dem auferstandenen Jesus (1 Kor 15,8). Dennoch dürften weder die Menschen, die sich der Jesus-Gemeinschaft angeschlossen hatten, noch deren Gegner damals in Zweifel gezogen haben, dass eine solche Begegnung einem tatsächlichen Zusammentreffen mit dem konkreten historischen Jesus in nichts nachstand. Eine mystische Begegnung in Form einer Vision oder einer Erscheinung hatte den gleichen Stellenwert und die gleiche autoritative Bedeutung.

Paulus war zutiefst davon überzeugt, in einem Naheverhältnis zu Jesus zu stehen, gab in seinen Schriften auch Worte des Heilands wieder, die nur er kennt und die in den später verfassten Evangelien nicht vorkommen. Er erklärte das Wirken, ja die Göttlichkeit Jesu in einer Weise, die einzigartig war und die christliche

Theologie prägen sollte. Natürlich griff Paulus auf schriftliche Quellen zurück, die er in seinen Briefen verarbeitete, doch in erster Linie war er inspiriert von seiner geheimnisvollen Erfahrung mit dem auferstandenen Christus. Wie viel Zuverlässiges er dank dieser spirituellen Begegnung aber über den historischen Jesus sagen konnte, schien für Paulus weitgehend irrelevant. Denn er war von »seinem« Jesus inspiriert, dem Christus, der ihm erschienen war und über den er fortan predigen und schreiben sollte.

Die Evangelien, die später verfasst wurden als die Briefe des Paulus und neben diesen einen zentralen Teil des Neuen Testaments ausmachen, arbeiten sehr ähnlich: Autoren bzw. Autorengruppen geben Episoden aus dem Leben Jesu sowie Sprüche und Predigten wieder, die in den ersten christlichen Gemeinden bisher mündlich weitererzählt worden waren. In den auf diese Weise entstandenen Texten spielt einerseits die persönliche, mystische, spirituelle Begegnung eine wichtige Rolle, andererseits basieren sie auf historischen Überlieferungen und drittens sind sie mit Blick auf ein ganz konkretes Publikum, nämlich die Gläubigen der damaligen – nicht der heutigen – Zeit niedergeschrieben worden.

Im Lauf der ersten Jahrhunderte der Entwicklung des Christentums wurden die Erzählungen über Jesus und seine Lehrsprüche immer wieder aktualisiert, umgestaltet und an veränderte gesellschaftspolitische Umstände angepasst. Das Jesusbild, das auf diese Weise entstand, hat – wenig überraschend – nur noch bedingt mit konkreten Eigenschaften des historischen Jesus zu tun, sondern hängt vor allem damit zusammen, dass man aus dem Messias im Lauf der Zeit einen – von Gott

Vater »ungetrennt«, zugleich aber auch »unvermischt« zu denkenden – Gottessohn gemacht hatte. Was an diesem Heiland als allzu menschlich erschien, wurde geglättet, weggelassen oder uminterpretiert.

Deutlich spannender sind daher jene Texte, die noch vor dieser theologischen Entwicklung oder »Überformung« verfasst wurden und eben noch keine Neu-Interpretation erfahren hatten. Solche Darstellungen, wie sie sich sowohl in den kanonischen als auch in den apokryphen Evangelien finden, bilden die Basis für dieses Buch. Es geht dabei nicht darum, Menschen in ihrem Glauben zu irritieren oder diesen gar zu zerstören, indem das von der Kirche überlieferte Jesusbild infrage gestellt oder gar »als Fälschung entlarvt« wird. Vielmehr sollen weniger bekannte Texte ins Spiel gebracht werden, die – mit Blick auf ihre Wirkungsgeschichte – als ursprünglicher bzw. näher am historischen Jesus gelten können und die daher möglicherweise wertvolle Hinweise darauf liefern, wie er gelebt hat und was für ein Mensch er war. Durchgesetzt haben sich diese »Erinnerungen« in der christlichen Tradition allerdings nicht.

Nach einem kurzen ersten Abschnitt, in dem grundlegende Fragen und Methoden der Bibelauslegung behandelt werden, gliedert sich das Buch in zwei weitere Teile. Im ersten Teil geht es um Jesus vor Beginn seines öffentlichen Wirkens und um seine Familie. Der zweite Teil beschäftigt sich dann mit Jesus als erwachsenem Mann und Wanderprediger in Galiläa und Jerusalem.

Die drei Texte des ersten an die Thematik heranführenden Teils sind für einen richtigen Umgang mit den ausgewerteten Quellen wichtig und sollten daher tat- 11 sächlich gelesen bzw. als Erstes gelesen werden. Die weiteren Einzelkapitel sind zwar chronologisch und thematisch angeordnet, bauen aber nicht aufeinander auf und können daher in beliebiger Reihenfolge gelesen und natürlich auch übersprungen werden.

Das Bild von Jesus von Nazareth, das sich auf diese Weise ergibt, muss angesichts der mangelhaften Quellenlage unvollständig bleiben. In der Spannung zu dem allgemein bekannten traditionellen Bild der christlichen Überlieferung mag es aber zu einer neuen und – wie wir hoffen – durchaus etwas realistischeren Wahrnehmung einer trotz allem durchaus außergewöhnlichen Persönlichkeit führen.

Tirol, im Frühling 2024
Claudia und Simone Paganini

TEIL A

Einführende Fragen

Bevor einige verborgene, unerwartete und manchmal auch irritierende Eigenschaften des Jesu von Nazareth präsentiert werden, erscheint es von Bedeutung, die eine oder andere grundlegende Frage zu klären.

Die erste betrifft die Gestalt des Gottessohnes selbst: Bei ihm handelt es sich nämlich zugleich um eine historische Person, also um einen konkreten Menschen, der wirklich einmal gelebt hat, als auch um eine religiöse Figur, die im Zentrum des Glaubens von mehr als zwei Milliarden Menschen steht. Wenn man im Alltag – z.B. beim Bibelkreis, in der Liturgie oder in den normalen Gesprächen – von Jesus redet, meint man meistens beides zugleich. Das ist auch in Ordnung, aber eben nur so lange, wie man keinen wissenschaftlichen Blick auf Jesus wirft. Dieser muss nämlich die beiden Ebenen trennen und sich – aus der Perspektive unterschiedlicher Disziplinen – entweder auf den einen oder den anderen Jesus richten.

Wenn dies ein Stück weit im Hinterkopf bleibt, wird beim Lesen dieses Buches auch nicht der Eindruck entstehen, es sollten darin Glaubensinhalte »dekonstruiert« oder es sollte gar gegen den christlichen Glauben argumentiert werden. Tatsächlich nämlich wird der Focus ausschließlich auf den historischen Jesus gelegt

und versucht, mithilfe von literarischen Quellen zu rekonstruieren, was für ein Mensch (!) er gewesen sein
könnte bzw. an was für einen Menschen sich die Gläubigen der ersten Jahrhunderte erinnert haben.

Das zweite »Problem« betrifft die Quellenlage zu Jesus. Diese ist nämlich alles andere als unproblematisch.
Neben den Evangelien des Neuen Testaments kennt die
Forschung zwar zahlreiche weitere alte Werke, die sich
mit Jesus und mit seiner Botschaft auseinandersetzen,
sie alle sind aber mit einem ganz anderen Verständnis von Geschichtsschreibung entstanden, als es heute
üblich ist. Welche Quellen stehen also überhaupt zur
Verfügung, wenn man die Fragestellung dieses Buches
beantworten will? Worauf ist zu achten, wenn mit ihnen argumentiert und auf sie Bezug genommen wird?
Auch diese Fragen sollen im ersten Teil des Buches
geklärt werden.

Eine historische Gestalt wird »historisiert«

»Die Vielfalt der Jesusbilder legt den Verdacht nahe, Jesus-Darstellungen seien in Wirklichkeit Selbstdarstellungen ihrer Autoren«, so kommentieren Gerd Theissen und Annette Merz, die Autoren eines monumentalen Werkes über den historischen Jesus, die letzten 300 Jahre wissenschaftlicher Forschung über die vielleicht bekannteste Person der Menschheitsgeschichte: Jesus von Nazareth.

Blickt man auf die letzten Jahrzehnte zurück, so trifft diese Aussage durchaus auch auf nicht-wissenschaftliche Kontexte zu: In den 1968er-Jahren etwa wurde ein pazifistischer Jesus mit Sandalen und langem Haar zur Ikone der *Flower-Power-Bewegung*. Dreißig Jahre zuvor hatten nationalsozialistisch geprägte Christen noch einen arischen Jesus, hochgewachsen, blond und mit ernsthaften blauen Augen, verehrt, dessen jüdische Wurzeln man großzügig verschwieg, genauso wie den Umstand, dass ein in Palästina geborener Mann eher dunkelhäutig gewesen sein dürfte, mit schwarzem Haar und braunen Augen. Und gerade, weil die Strukturen der christlichen Kirchen oft als starr, konservativ und wenig innovationsfreudig empfunden wurden, hat man immer wieder einen rebellischen Jesus propagiert, der sich zu Randgruppen hingezogen fühlte und den damaligen Institutionen bzw. ihren Autoritäten kritisch gegenüberstand. Zuletzt hat sogar ein Papst dazu beigetragen, ein ansprechendes neues Jesusbild zu entwerfen, was mehr oder weniger den Geist der Zeit trifft.

Mit großer Gelassenheit im Blick auf die historischen Quellen und weitgehend voreingenommen bzw. interessengeleitet skizzierte Benedikt XVI. in seiner Buchtrilogie »Jesus von Nazareth« die Gestalt des Messias, wie sie für ihn stimmig war und hat ihn damit zum Begründer einer (modernen) christlichen – oder besser gesagt: katholischen – Dogmatik gemacht.

Die Liste der Beispiele ließe sich beinahe beliebig fortsetzen: Jesus, der Philosoph; Jesus, der Ethiker; Jesus, der jüdische Rabbiner; Jesus, der christliche Priester; Jesus, der Essener; Jesus, der Abenteurer; Jesus, der Sozialist; Jesus, der Lebenskünstler; Jesus, der Kirchengründer; Jesus, der Asket; Jesus, der Draufgänger; Jesus, der Revoluzzer; Jesus, der Anarchist; Jesus, der politische Intrigant; Jesus, der Religionskritiker; Jesus, der Queere ...

Jesus von Nazareth war zweifelsohne eine herausragende historische Persönlichkeit, sein Einfluss auf die Geschichte der Menschheit ist unbestritten. Seine Lehren von Liebe, Mitgefühl und Vergebung haben unzählige Menschen inspiriert und sind immer noch inspirierend. Seine Botschaft von Nächstenliebe und Frieden legt den Grundstein für ein – religiös motiviertes – moralisches Handeln und zeigt, wie ein respektvolles Zusammenleben gelingen kann. Doch dass Jesus gelebt hat, ist auch schon – mehr oder weniger – das Einzige, was man mit Sicherheit über jene Person sagen kann, die den frühen Christen als Messias und den christlichen Kirchen bald schon als Gottessohn gelten sollte.

Es gibt nämlich kein »richtiges« Jesusbild – im Sinn von: historisch zuverlässig oder objektiv. Das hängt damit zusammen, dass die Quellenlage äußerst dürftig ist. Nichtchristliche Quellen sind zwar vorhanden, aber insofern nicht besonders hilfreich, als sie lediglich belegen, dass es schon sehr früh christliche Gemeinden gab und dass diese sich in ihrer Lehre und Praxis an einem gewissen Christus orientierten. Einzelheiten über das Leben und Wirken des christlichen Heilands findet man darin nicht.

Die christlichen Quellen sind dagegen ausführlicher, jedoch nicht objektiv und bisweilen auch schwer zu interpretieren. Außerdem sind sie teilweise erst zwei bis drei Generationen nach dem Wirken des historischen Jesus entstanden. Das mindert in gewisser Weise ihre »Qualität«, denn in dieser langen Zeit, wo die Erinnerungen mündlich überliefert wurden, kann natürlich vieles dazugedichtet oder uminterpretiert worden sein. Eine erfreuliche Ausnahme stellen hier die Briefe des Paulus dar, die etwa 20 Jahre nach dem Tod Jesu verfasst wurden. Dummerweise interessiert sich Paulus aber kaum für den sogenannten »irdischen« Jesus. Die Evangelien dagegen, die mindestens 30 Jahre später niedergeschrieben wurden, enthalten sehr konkrete historische Überlieferungen, die auf mündliche Traditionen zurückgehen, welche möglicherweise sogar älter sind als die des Paulus. Zumindest aber sind sie frei von der für Paulus typischen philosophischen Deutungstendenz und von seinem Bestreben, in Jesus eine mythische, präexistente Gestalt erkennen zu wollen, die schlussendlich nur noch wenig mit jenem Wanderprediger zu tun hatte, der als jüdischer Aufrührer von den Römern hingerichtet wurde.

Sowohl für die paulinische Briefliteratur als auch für die übrigen Schriften des Neuen Testaments gilt aber, dass sie alle aus ein und demselben Milieu stammen und ein ähnliches Publikum ansprechen wollen, genauer gesagt: Sie wurden von Anhängern Jesu für andere Anhänger Jesu geschrieben. Diese hatten natürlich ein klares Interesse daran, ihren Lehrer und Heiland positiv darzustellen. Liest man jedoch die alten Texte über das Leben des Gottessohnes aufmerksam, und zwar die biblisch-kanonischen ebenso wie die sogenannten »apokryphen«, so stellt man fest, dass die literarische Jesus-Gestalt auch problematische Züge trägt. Das ist durchaus irritierend, denn in den letzten 2.000 Jahren wurde diese Gestalt von der christlichen Tradition durchweg positiv dargestellt.

Da aber die Autoren der Evangelien Jesus natürlich sehr wohlgesonnen waren, hatten sie keinen Anlass, negative Charaktereigenschaften oder Verhaltensweisen zu »erfinden«. Das hätte für Schriften, die dafür gedacht waren, die frühen Christen in ihrem Glauben zu stärken und nach außen ein gutes Bild von der Glaubensgemeinschaft bzw. ihrem Begründer zu vermitteln, einfach keinen Sinn gemacht. Deshalb kann bzw. muss man davon ausgehen, dass gerade den »negativen« Aspekten, also all dem, was nicht so recht ins harmonische Bild passt, ein hohes Maß an historischer Glaubwürdigkeit und Wahrheit zukommt. Der einzige Grund, solche wenig vorteilhaften Episoden auch noch schriftlich zu verbreiten, ist nämlich, dass diese sich tatsächlich so zugetragen haben und zugleich der Allgemeinheit so bekannt waren, dass man sie nicht einfach unter den Teppich kehren konnte. Bei näherem Hinsehen zeigen also gerade diese durchweg positiv gedachten Quellen an jenen Stellen, wo sie negative oder widersprüchliche Charaktereigenschaften durchscheinen lassen, dass auch Jesus kein Mensch ganz ohne Schattenseiten war.

Da sich dieses Buch mit den – bisher kaum beachte-
ten – unbekannteren und sperrigen Seiten des Messias beschäftigt, wird auf diese Weise notgedrungen ein
einseitiges Bild von Jesus gezeichnet werden. Dieses
Bild soll aber auch nicht für sich allein stehen bleiben,
sondern in erster Linie eine Art Korrektur zu einer
2.000 Jahre alten Tradition der positiven Verzerrung
darstellen und damit Jesus von Nazareth ein Stück weit
entmythisieren. Auf diese Weise kann man dennoch
dem historischen Jesus näherkommen. Die öffentliche
Wahrnehmung verträgt nach so vielen Jahrhunderten
positiver Schlagseite auch ein wenig Fokus auf das Gegenteil. Als – wiederum positives – Nebenprodukt von
diesem Unterfangen, wird jedoch Jesus menschlicher
und damit vielleicht auch glaubwürdiger erscheinen.

Auf der Suche nach
(brauchbaren) Quellen

Um ein Buch über Jesus von Nazareth zu schreiben, kann man grundsätzlich zwei – wenn man so will – Materialsammlungen heranziehen: zum einen die (kanonischen) Evangelien, die Teil des Neuen Testaments – also des biblischen Kanons – geworden sind, zum anderen alle anderen sehr frühchristlichen außerbiblischen Schriften, die sich mit der Gestalt Jesu befassen und die man der Einfachheit halber »apokryphe« Evangelien nennt. Zwar gibt es auch einige wenige nichtchristliche Quellen wie zum Beispiel den jüdischen Talmud oder Texte von den antiken Autoren Josephus Flavius, Sueton, Tacitus oder Plinius dem Jüngeren; sie sind für die Fragestellung dieses Buches aber nicht wirklich ergiebig, denn sie liefern – mit Ausnahme einiger rabbinischer Belege, die immer wieder einbezogen werden – so gut wie keine Information über den konkreten Menschen Jesus.

Die vier Evangelien des Neuen Testaments sind auf Grundlage älterer mündlicher – und vielleicht auch schriftlicher – Überlieferungen etwa zwischen 70 und 120 n.Chr. als Gemeinschaftswerke – sie stammen also nicht, wie die spätere Tradition weitergegeben hat, von einem einzelnen Autor – niedergeschrieben worden. Das Markusevangelium stammt aus den frühen 70er-Jahren des ersten Jahrhunderts, ist das älteste und wurde von den Verfassern des Matthäus- und des Lukasevangeliums als Vorlage für ihre Werke verwendet. Das Johannesevangelium schließlich setzt die anderen drei Evangelien voraus und interpretiert das Wirken Jesu in der ersten Hälfte des zweiten Jahrhunderts aus einer vertieften theologischen Perspektive.

In der theologischen Forschung zu Beginn des 20. Jahrhunderts etablierte sich die bis heute weithin akzeptierte These, dass es eine strikte Trennung zwischen der »urchristlichen Literatur« und allen anderen profanen Formen der Weltliteratur gebe. Im Protestantismus betonte man vor allem die Andersartigkeit der als »kleine Literatur« bezeichneten Evangelien gegenüber der klassischen griechischen und römischen Hochliteratur der Antike. Im katholischen Bereich entwickelte sich darüber hinaus die Vorstellung, dass ausschließlich in der Bibel universale Wahrheiten zu finden seien, wohingegen die Erkenntnisse der modernen Wissenschaft nur insofern zu akzeptieren seien, als sie nicht im Widerspruch zur christlichen Lehre stünden. Die Vorstellung, die Evangelien seien etwas Einzigartiges, ein gegenüber äußeren Einflüssen erhabenes Werk, ist seitdem quasi ein Dogma der katholischen Kirche. Damit wurden Form und Inhalt der Bibel jeder Diskussion und – vielleicht auch kritischen – Nachfrage entzogen. Die Evangelien und die übrigen Texte des Neuen Testaments liefern, so war man überzeugt, eine nicht zu hinterfragende Wahrheit, wobei diese Wahrheit freilich immer mit dem konform ging, was der Kirche gerade zu lehren gefiel. Die Gestalten von Jesus, Paulus, Maria und den anderen Aposteln galten unhinterfragt als Vorbilder und Verkörperung von Weisheit, sittlicher Güte und untadeliger Frömmigkeit.

Seit der Mitte des vergangenen Jahrhunderts hat sich jedoch mit der Entwicklung redaktionsgeschichtlicher Zugänge zum biblischen Text, innerhalb derer sowohl linguistische als auch sprachwissenschaftliche Methoden angewendet wurden, die Haltung der Forschung gegenüber den Evangelien grundlegend verändert. Diese werden nun – zumindest von den historisch-kritisch arbeitenden Bibelwissenschaftlern – primär als literarische Schriften verstanden, die in einem bestimmten Kulturkreis entstanden sind, nämlich im Spannungsfeld zwischen urchristlichen Gruppierungen und der römisch-hellenistischen Gesellschaft der römischen Kaiserzeit. Ein solcher Ansatz ermöglicht es dem Historiker und Literaturwissenschaftler, einerseits bestimmte Muster in den Evangelien zu erkennen und auszuwerten, andererseits aber auch die Kreativität und die innovativen Akzentsetzungen der Texte herauszuarbeiten.

Als Referenz für die Evangelien, sprich: als Quellen, die sich für einen Vergleich eignen, kommen vor allem die sehr umfangreich überlieferten hellenistisch-römischen Biografien – lateinisch *vitae*, griechisch *bíoi* – in Frage. Diese Gattung erlebte um die Zeitenwende eine regelrechte Blüte. Der römische Schriftsteller Varro soll im ersten Jahrhundert v.Chr. mehr als 700 *vitae* verfasst haben, sein Zeitgenosse Cornelius Nepo immerhin 400, und auch aus Suetons Sammelwerk ein halbes Jahrhundert später sind zwölf Kaiserbiografien erhalten. Plutarch verglich zu Beginn des zweiten Jahrhunderts n.Chr. in 50 Biografien römische und griechische Persönlichkeiten – *oi bíoi parálleloi* (Die parallelen Biografien) – und auf Philo von Alexandrien geht eine monumentale Moses-Biografie zurück.

In der Regel wurde das Leben von berühmten Feldherren und Königen, aber auch von Dichtern, Philosophen, Geschichtsschreibern oder Staatsmännern beschrieben. Diese *vitae* sind aber keine Biografien im modernen Sinn, vielmehr geht es den Autoren darum, Beispiele einer vorbildlichen moralischen Lebensführung zu geben. Aber

22

auch Probleme, Konflikte und – vor allem in den jüdisch geprägten Texten – das Verhältnis zu Gott werden thematisiert.

Die kanonischen Evangelien – vor allem das Markusevangelium – lassen sich ziemlich eindeutig der Gattung *vita* zuordnen. Das Lukasevangelium und das Matthäusevangelium spielen außerdem mit der Erzählung vom göttlichen Ursprung Jesu auf Herrscherbiografien an. Auch antiken Herrschern wurde nämlich gerne eine besondere Nähe zur göttlichen Sphäre nachgesagt, um auf diese Weise die Legitimität ihrer Herrschaft zu begründen. Das Johannesevangelium schließlich präsentiert Jesus seinen Lesern als Vorbild für eine fromme Lebensführung. Ein unbedeutender Mann aus einfachen Verhältnissen kommt ganz groß heraus, weil Gott ihn auserwählt hat. Am tiefsten Punkt seines scheinbaren Scheiterns vollzieht sich dann die überraschende Wende und eine neue »Dynastie« entsteht: die Kirche.

Neben den vier Evangelien des Neuen Testaments wurden schon relativ früh zahlreiche weitere Schriften über Jesus verfasst. Diese werden oft als »apokryphe«, d.h. auf Griechisch »verborgene« Evangelien, bezeichnet. In ihnen finden sich Episoden aus dem Leben Jesu, die zwar an die kanonischen Evangelien erinnern, aber deutlich über sie hinausgehen, Lücken füllen, offene Fragen klären.

Als Irenäus, der Bischof von Lyon, gegen Ende des zweiten Jahrhunderts sein Hauptwerk *Adversus Haereses* (Gegen die Häresien) verfasste, gab er sich offensichtlich große Mühe, die Überlegenheit der vier Evangelien, die heute am Anfang des Neuen Testaments stehen, zu begründen. Seine Ausführungen machen zum einen deutlich, dass die Autorität genau dieser vier Evangelien zu seiner Zeit alles andere als unumstritten war, und zum anderen, dass es andere Evangelien gab, die ebenso alt oder sogar älter waren und von manchen Christen als zuverlässiger angesehen wurden. So wissen wir beispielsweise auch, dass Bischof Serapion von Antiochien Ende des zweiten Jahrhunderts in einer Stadt seiner Diözese eine Schrift – heute *Petrusevangelium* genannt – fand, es jedoch ablehnte, überprüfen zu lassen, ob man den Text in der Gemeinde verwenden könne. Er begründete seine Entscheidung damit, dass dieser nicht der apostolischen Tradition entspreche. Bis dahin war das Evangelium aber sehr wohl in der Liturgie in Gebrauch gewesen.

Selbst wenn die apokryphen Evangelien also schon früh von den kirchlichen Autoritäten abgelehnt wurden, waren sie doch lange Zeit Teil der christlichen Frömmigkeit. Der Begriff »apokryph«, im negativen Sinne als »gefälscht« oder »verworfen« verstanden, setzt selbstverständlich eine kirchliche Struktur und Entscheidungsträger voraus, die bestimmen konnten, welche Schriften die wahre Lehre der Kirche vertreten und welche nicht. Die Voraussetzungen für eine solche Entscheidung wurden aber erst im vierten Jahrhundert geschaffen, wo es im 39. Osterbrief des Bischofs Athanasius von Alexandrien zum ersten Mal zu einer Gegenüberstellung von »kanonischen« und »apokryphen« Schriften kam. Für eine endgültige offizielle Bestimmung des biblischen Kanons für die katholische Kirche wird man sogar noch bis zum Konzil von Trient im Jahr 1546 warten müssen.

Die apokryphen Evangelien blieben somit wichtige Zeugnisse von der antiken Geschichte des Christentums und dem Leben Jesu bzw. jener Traditionen, welche die frühen Christen mit dem Leben Jesu verbanden. Sie zeigen unter anderem, dass sich die Christenheit über die Evangelien des Neuen Testaments hinaus intensiv mit Jesus und seiner Botschaft auseinandergesetzt hat. Einige dieser Schriften haben die christliche Frömmigkeit tief geprägt; denn in den wenigsten frühchristlichen Gemeinden waren alle vier Evangelien, die später den Kern des Neuen Testaments bilden sollten, bekannt, geschweige denn in Abschriften vorhanden. Vielmehr ist davon auszugehen, dass in den Gemeinden nur ein oder zwei dieser Evangelien vorlagen und darüber hinaus weitere Schriften zum Einsatz kamen, darunter eben auch solche, die heute zu den apokryphen Evangelien gezählt werden.

Die Entdeckung zahlreicher apokrypher Texte seit dem Ende des 19. Jahrhunderts verlieh schließlich der Vorstellung Auftrieb, man würde nunmehr neue Informationen über Jesus erhalten, die das Neue Testament vielleicht sogar bewusst verschwiegen hatte. Die apokryphen Texte waren daher auch für die Jesusforschung der letzten Jahrzehnte durchaus von Bedeutung.

Inzwischen ist allerdings die erste, teilweise naive Begeisterung für die apokryphen Evangelien einer nüchternen historischen Einordnung der Schriften in die Geschichte des Christentums gewichen. Nur wenige dieser Texte dürften so alt sein wie die kanonischen Evangelien. Nur wenige haben einen tatsächlichen Wert für die Rekonstruktion der Biografie des historischen Jesus.

Auf der anderen Seite muss auch klar sein, dass nicht der Umstand, ob ein Text in das Neue Testament aufgenommen wurde oder nicht, dafür entscheidend sein kann, ob dieser Text einen historischen Wert besitzt. Apokryphe Texte können sehr wohl historisch zuverlässige Informationen enthalten, denn vielfach greifen sie auf belastbare mündliche Traditionen zurück oder sind sehr alt. Nicht alles in ihnen ist Legende. Umgekehrt enthalten auch die neutestamentlichen Texte legendarische Überlieferungen, die für die historische Forschung zu Jesus nichts oder nur wenig beitragen können. Ein Beispiel dafür sind die später erfundenen Geburts- und Kindheitsgeschichten des kanonischen Matthäus- und Lukasevangeliums.

Die Bedeutung der apokryphen Evangelien liegt jedoch nicht darin, dass sie neue historische Erkenntnisse über Jesus zutage fördern würden. Vielmehr handelt es sich um wichtige Zeugnisse für die Vielfalt der Überlieferungen rund um die Gestalt Jesu und für die bunte soziale und kulturelle Welt des antiken Christentums.

Für die Thematik dieses Buches ist es nicht entscheidend, wie sicher die Historizität einer Episode – der kanonischen oder der apokryphen Evangelien – ist, sondern der Umstand, dass es Menschen gab, die sich die Gestalt Jesu genau so vorgestellt haben und an diesen Jesus geglaubt haben. So sind die biblischen wie die außerbiblischen Jesuserzählungen Ausdruck einer Glaubensgemeinschaft, die ein bestimmtes Bild von Jesus vermitteln wollte. Denn selbstverständlich ist keines dieser Evangelien mit dem Zweck niedergeschrieben worden, Jesus in ein schlechtes Licht zu rücken. Umso spannender sind für die Fragestellung dieses Buches jene Passagen und Erzählungen, die aus heutiger Sicht ein problematisches Bild von Jesus vermitteln, eines, das sehr anders ist als das klassische, das in den christlichen Kirchen vertreten wird. Natürlich war Jesus einfühlsam, barmherzig, liebevoll, friedfertig, und verständnisvoll. Aber eben nicht nur. Sowohl in den Apokryphen als auch im Neuen Testament wird das sehr klar. Und genau mit diesen wenig bekannten Seiten Jesu wird sich dieses Buch im Folgenden beschäftigen.

Glaube und (historische) Wahrheit: die »Erfindung« Jesu

Beschreiben die antiken Quellen Jesus, wie er wirklich gelebt hat, oder sind sie das Ergebnis einer späteren Legendenbildung? Die Antwort auf diese Frage fiel in der neutestamentlichen Forschung in den letzten dreihundert Jahren sehr unterschiedlich aus. Davor, also bis zur Aufklärung, interessierte sie im Grunde kaum jemanden. Gegen Ende des 17. Jahrhunderts dagegen wurde sie gewissermaßen über Nacht zu einem zentralen Thema der theologischen und historischen Forschung.

Hermann Samuel Reimarus (1694-1798), Gymnasiallehrer für Griechisch und altorientalische Sprachen in Hamburg, war derjenige, der erstmals in aller Deutlichkeit die These vertrat, dass der Jesus, wie ihn die Kirche – schon in ihren Anfangstagen – verkündigt hat, nicht mit dem Jesus zusammenstimmt, der tatsächlich einmal gelebt hat. Einige Jahrzehnte später bezeichnete dann David Friedrich Strauß (1808-1874), ein Schüler des Philosophen Hegel, die Evangelien explizit als Mythos. Während Reimarus vom Betrug der Evangelien sprach, führte Strauß die unglaubwürdigen Elemente der biblischen Erzählungen – insbesondere die Wunder – auf einen mehr oder weniger unbewussten Prozess der Mythisierung während der Entstehung des Neuen Testaments im ersten und zweiten Jahrhundert zurück.

Mit dem Aufkommen der sogenannten »Liberalen Leben-Jesu-Forschung« entwickelte sich vor allem in protestantischen Kreisen zu Beginn des 20. Jahrhunderts ein gewisser Optimismus, dass es möglich sei, mit

Hilfe der historisch-kritischen Methode aus den vorhandenen Quellen Wissen über den Menschen Jesus zu rekonstruieren und darüber, wie er gelebt hat. Im Lauf der Zeit wandelte sich diese Haltung aber und man konstatierte irgendwann resignativ, dass es in der gesamten biblischen Jesus-Überlieferung quasi keinen historischen Gehalt gibt. Dem anfänglichen Optimismus stand aber auch die Position des evangelischen Professors für Neues Testament Rudolf Bultmann (1884-1976) entgegen, die in leichten Varianten bis heute vertreten wird. Ihm und den Anhängern der »Dialektischen Theologie« kam es in der Jesus-Forschung nicht so sehr auf historische Fakten an, sondern auf das, was später verkündet und – in der Folge – geglaubt wurde. Und da »Verkündigung« im Griechischen *kerygma* heißt, bürgerte sich im Anschluss an Bultmann die Unterscheidung zwischen dem historischen Jesus und dem kerygmatischen Christus ein.

Diese Unterscheidung löst für viele Theologen bis in die Gegenwart die meisten Widersprüche zwischen Evangelien und Vernunft auf. Alles, was wir in der Bibel über Jesus lesen können, ist demnach als Ergebnis des Sprechens und Nachdenkens der Christusgläubigen nach dem Osterereignis zu bewerten. Menschen, die bereit waren, an die leibliche Auferstehung zu glauben, hatten natürlich kein Problem mit einer wundersamen Vermehrung von Brot und Fisch oder mit einem Menschen, der gegen jede physikalische Regel auf dem Wasser gehen und mit seiner Stimme Wind und Sturm Einhalt gebieten konnte. So wurden die Evangelien zu Legenden, zu fiktionalen Texten, die mit großer Freiheit die Geschichte einer Person ausschmückten, welche zweifellos einmal gelebt hatte, aber eben kaum etwas mit der literarischen, ja mythischen, Konstruktion des kerygmatischen Christus zu tun hat.

Das Jesusbild des Neuen Testaments bzw. – in der Folge – der kirchlichen Überlieferung wurde dabei zu einer im Wesentlichen gelungenen und kohärenten Fiktion erklärt. Als Kriterium für das Entlarven von legendenhaften Episoden galt in gewisser Weise die persönliche, vernunftgeleitete Auffassung der Leserinnen und Leser. Alles, was mit der persönlichen »Alltagserfahrung« zusammenpasste, wurde auch als legitim anerkannt. Damit war gewissermaßen der Kampf zwischen der kritisch aufgeklärten Wissenschaft mit ihren harten Kriterien und dem obskurantistischen Glauben der verschiedenen Kirchen eröffnet, innerhalb dessen alles seinen Platz hatte, was der oder die einzelne Gläubige irgendwie für nachvollziehbar hielt. Diese grundsätzliche Gegenüberstellung besteht nach wie vor und hat bis heute weder einen Sieger noch einen Verlierer hervorgebracht. Vielmehr gleicht sie einer Grabenschlacht mit verhärteten Fronten und mangelnder Bereitschaft, die eigene Position in Frage zu stellen.

Auch die Neuorientierung in der wissenschaftlichen Deutung der Texte im Rahmen der sogenannten »*Third Quest*« gegen Ende der 1970er-Jahre brachte keine Annäherung. Deren Vertreter argumentierten für eine gewisse Kontinuität zwischen dem historischen Jesus und dem Christus des Glaubens. In den neuen bibelwissenschaftlichen Zugängen der letzten Jahrzehnte geht es wiederum nicht mehr so sehr darum zu rekonstruieren, wie der historische Jesus wirklich gelebt hat und was für ein Mensch er war, sondern darum, wie die Gläubigen ihn beschrieben und ihn sich vorgestellt haben. Was dabei ins Auge springt, ist die Erkenntnis, dass das Jesusbild von damals nichts oder nur sehr wenig mit unserem heutigen zu tun hat. Letzteres entstand eigentlich erst im 20. Jahrhundert.

In der Volksfrömmigkeit, aber vor allem auch in Romanen und Filmen entwickelte sich nach und nach die Vorstellung von einem sanften jungen Mann, meist blond und blauäugig mit etwas femininen Zügen, der umgeben von einer harmonischen Gruppe von Jüngern und Jüngerinnen durch eine idyllische Landschaft wandert, predigt und Wunder wirkt.

Möglicherweise handelt es sich bei dem, was uns die alten Quellen über Jesus berichten, um Legenden. Aber erstens ist hier eine endgültige Entscheidung nicht möglich und zweitens fußen die biblischen Texte zumindest auf Vorstellungen, die dem historischen Jesus näher gewesen sind als sein Jesus-Christ-Superstar-Image der Gegenwart. Außerdem lässt sich vielleicht gerade in den Unstimmigkeiten und Brüchen der alten Erzählungen ein realistischeres Bild von diesem Jesus von Nazareth entwerfen, dessen Gestalt über die kommenden Jahrhunderte vielfach transformiert werden sollte. Für die Gläubigen der ersten frühchristlichen Gemeinden war dieses Bild noch sehr real. Für uns heute ist es eher irritierend; denn der Jesus, der dabei vor unserem inneren Auge entsteht, ist alles andere als uneingeschränkt positiv.

Jesus war – bei genauerer Lektüre der Texte – ein Problemkind, das seinen Eltern wenig Respekt entgegenbrachte. Auch als Erwachsener polarisierte er und wurde schließlich als Anführer einer Bande von Aufrührern hingerichtet. Er gründete eine Gemeinschaft, die auf Kosten wohlhabender Frauen lebte, und verkündete – nicht zuletzt – ein Reich Gottes, das erst zustande kommen wird, wenn ein furchtbares Gericht über die gesamte Menschheit gehalten sein wird.

Mehr dazu erfahren Sie in den nun folgenden Kapiteln.

TEIL B

Familie, Freunde, Flausen

Jesus als das blonde Kindchen mit lockigem Haar und blauen Augen, das glückselig bei seiner hingebungsvollen, sanften Mutter weilt und später dann brav dem Ziehvater bei der Arbeit zur Seite steht, ist ein starkes, kulturell tief verankertes Bild. Mit modernen Worten gesprochen, handelt es sich um ein Masternarrativ. Es ist im Lauf der Jahrhunderte so dominant geworden, dass für die meisten Menschen eine andere Interpretation kaum mehr denkbar ist. Tatsächlich geben die kanonischen Evangelien, die nur sehr wenig über die Kindheit und die Familie Jesu berichten, auch nur wenig – wenngleich bedeutenden – Anlass, kritische Rückfragen zu stellen. Mehr noch tun das die sogenannten Apokryphen, die ein durchaus anderes Bild zeichnen. Ihr (alternatives) Bild von einer Heiligen Familie zeigt überforderte Eltern und ein besserwisserisches, schwer erziehbares Kind, das sowohl mit seinen Freunden als auch mit seinen Lehrern jede Menge Probleme zu haben scheint. Nicht einmal seine Geschwister scheinen den kleinen Jesus besonders zu mögen. Sie halten ihn für verrückt und schämen sich für ihn. Ganz so glückselig dürfte das Leben von Josef, Maria und Jesus also wohl doch nicht gewesen sein.

»... von nun an werden mich glückselig preisen alle Generationen!« (Lk 1,48)

Sohn einer nicht gerade bescheidenen Mutter

Maria, die Mutter Jesu, ist eine zentrale Gestalt des Christentums. Sie hat von der christlichen Ikonographie der ersten Jahrhunderte unserer Zeitrechnung bis hin zur modernen feministischen Theologie unzählige Menschen inspiriert. Doch wer war diese Frau eigentlich?

Historische Daten sind nur sehr spärlich vorhanden. Außerhalb der christlichen Schriften erwähnt kein einziger früher Text Maria. Schlimmer noch, sogar die ältesten Schriften des Neuen Testaments, jene authentischen sieben Briefe, die dem Apostel Paulus zugeschrieben werden, kennen nicht einmal den Namen der Mutter Jesu. Paulus stellt lediglich fest, dass Jesus geboren wurde, und zwar von einer Frau (Gal 4,4). Mehr scheint er nicht zu wissen bzw. dürfte für ihn nicht relevant gewesen sein. Die wissenschaftlich rekonstruierte »Logienquelle Q« – eine Sammlung vor allem von Aussprüchen Jesu –, die als Vorlage für das Matthäus- und das Lukasevangelium gedient haben dürfte, erwähnt nicht einmal die Existenz dieser Frau.

Einige alte Texte, welche die Tradition des Christentums auf Maria beziehen und die das Bild, das Christen von der Mutter Jesu haben, sehr stark beeinflussten, hatten ursprünglich nichts mit Maria zu tun. So erzählt das zwölfte Kapitel der Apokalypse von einer schwangeren, mit der Sonne bekleideten Frau, die eine Krone mit zwölf Sternen trägt und unter deren Füßen der Mond ruht. Diese Darstellung wurde im Zusammenhang mit der Legendenbildung der ersten christlichen Jahrhunderte auf Maria bezogen. Lediglich auf dem Konzil von Ephesus 431 wurde Maria dann offiziell als Gottesgebärerin anerkannt. Deutlich später bescheinigte ihr Pius IX. dann eine »unbefleckte Empfängnis« (1854) und noch einmal später bestätigte Pius XII. die »leibliche Aufnahme Marias in den Himmel« (1950). Aber all diese dogmatischen Entscheidungen des kirchlichen Lehramts geben uns natürlich keinerlei Auskunft über die konkrete historische Persönlichkeit dieser Frau.

Zum Glück gibt es aber das apokryphe *Protoevangelium des Jakobus*, ein Werk, das einem älteren Bruder Jesu zugeschrieben wird, jenem Jakobus nämlich, der später die erste Gemeinde in Jerusalem leitet (Gal 2,9). Es stammt jedoch vermutlich aus der Mitte des zweiten Jahrhunderts und kann daher natürlich nicht von Jakobus persönlich verfasst worden sein, sondern bestenfalls auf eine mit ihm zusammenhängende mündliche Überlieferung zurückgehen. Aber der Text ist sehr alt und daher auch relevant. Im Protoevangelium wird erzählt, dass Maria das einzige Kind von Joachim und Anna war und aus einer sehr reichen und frommen Familie der Jerusalemer Aristokratie stammte. Das Ehepaar sei lange kinderlos geblieben und darum dem Spott von anderen mit Kindern reich gesegneten Juden ausgesetzt gewesen, ja, wegen seiner Kinderlosigkeit habe Joachim sogar der Ausschluss aus der Gemeinde gedroht. Umso mehr wird das späte Kind für das alte Ehepaar ein Glücksfall. Dem *Protoevangelium des Jakobus* zufolge dürfte die kleine Maria ein umhegtes Wunschkind gewesen sein. Noch als kleines Mädchen sei sie den Priestern übergeben worden und am Tempel in Jerusalem aufgewachsen.

Leider ist diese schöne Geschichte über die Kindheit Mariens aber nicht besonders glaubwürdig. Im Judentum ist weder eine Strafe für kinderlose Väter vorgesehen, noch gibt es Belege dafür, dass Mädchen im Tempel heranwachsen und erzogen werden konnten. Da ein Autor jüdischer Herkunft wohl eher keine so groben Fehler gemacht hätte, ist davon auszugehen, dass der Verfasser des Protoevangeliums eher griechisch-hellenistischer und nicht jüdischer Herkunft war. Dafür spricht auch, dass er keine große Kenntnis der Geographie Judäas und Galiläas erkennen lässt. Josef trifft zum Beispiel relativ schnell im Jerusalemer Tempel ein, obwohl er im etwa 150 km entlegenen Nazareth wohnt. Die Geschichte ist also fiktiv und sehr wahrscheinlich hatte der Verfasser des Protoevangeliums keine Ahnung von der Herkunft und Kindheit der Maria. Er bezieht vielmehr eine Kindheit, wie sie in der römisch-hellenistischen Welt unter Umständen möglich gewesen wäre, auf die Frau, die später die Mutter Jesu werden sollte. Insgesamt ist seine Schilderung darum auch hoch symbolisch.

> Viele Informationen über Maria stammen aus dem Protoevangelium des Jakobus.

So wird das Besondere der kleinen Maria erzählerisch unter anderem dadurch unterstrichen, dass sie als »Frühchen« zur Welt kommt. Gemeint ist damit aber nicht, dass Maria eine Frühgeburt gewesen sei, die der besonderen Fürsorge bedurfte, sondern das genaue Gegenteil: Sie war früher »fertig« als andere Kinder. Entsprechend konnte sie, dem *Protoevangelium des Jakobus* zufolge, auch schon mit sechs Monaten laufen.

Es wird jedenfalls gesagt, dass Maria in Jerusalem aufgewachsen und als junges (zwölfjähriges) Mädchen – nach der Verlobung mit Josef – in Galiläa zu Hause war, in dem kleinen und weitgehend unbedeutenden Dorf Nazareth. Das legt zumindest das Lukasevangelium nahe, das die Verkündigung der Geburt Jesu dorthin verortet (Lk 1,26). Tatsächlich haben auch Erzählungen in den kanonischen Evangelien nicht das größte Interesse, historische Tatsachen weiterzugeben, aber die Dinge können sich durchaus so zugetragen haben. Viele Adelsfamilien in der Zeit um Jesu Geburt gaben den ursprünglichen Familiensitz in Jerusalem auf und übersiedelten in das nördlich gelegene Galiläa. Grund dafür waren die Repressalien der römischen Besatzung: Die Steuerlast drückte die Familien, gleichzeitig enteigneten die Römer immer wieder adligen Landbesitz. Beides schmälerte die Einkünfte von Teilen des Jerusalemer Adels und verschlechterte ihren sozialen Status.

Darauf, dass Maria eine Immobilie in Judäa besaß, deutet die Weihnachtsgeschichte hin. Wenn sie sich gemeinsam mit Josef für die Volkszählung nach Bethlehem begeben musste, dann deshalb, weil sie selbst und nicht Josef noch ein Stück Land oder ein Haus in der Gegend um Jerusalem hatte. Darum war sie steuerpflichtig und wurde, weil eine allein reisende Frau damals undenkbar war, von ihrem Gatten nach Bethlehem begleitet. Wäre Josef der steuerpflichtige Eigentümer gewesen, hätte keine Notwendigkeit bestanden, warum die hochschwangere Maria ihren Mann hätte begleiten und unterstützen sollen.

> Die »Heilige Familie« war nicht arm, sondern besaß Grund.

Wie genau es mit Marias Familie weiterging, lässt sich natürlich nicht mehr sagen. Aber von dem Lebensgefühl, das vom sozialen Abstieg bedrohte jüdische Familienclans in jener Zeit hatten, gibt es in den antiken Quellen zahlreiche Spuren.

Um die Zeitenwende gab es im Judentum eine massiv endzeitliche Stimmung, die vor allem in den ärmeren bzw. verarmten Schichten der jüdischen Gesellschaft verbreitet war. Die Welt, so wie sie war und erlebt wurde, musste und würde vergehen, ein Messias würde für eine neue, gerechte Gesellschaftsordnung sorgen. Sowohl die Schriftrollen vom Toten Meer als auch die Evangelien bezeugen eindrucksvoll diese sehnsüchtige Erwartung. Die Handschriften von Qumran setzen die Hoffnung sogar auf eine ganze Reihe von Messiassen: ein politischer Messias, ein priesterlicher Messias und ein prophetischer Messias, werden die Welt retten und eine völlig neue Gesellschaft begründen.

Das Lukasevangelium spiegelt diese eschatologische Stimmung wider, wenn es im Zusammenhang mit der Umkehrpredigt von Johannes dem Täufer, dem Sohn der Elisabeth und Neffen von Maria, festhält, dass das ganze Volk auf (einen) Christus wartete (Lk 3,15).

Für uns heute ist dieses Lebensgefühl nur schwer nachzuvollziehen und wir neigen dazu, es in seinem Ernst und seiner Bedeutung zu unterschätzen, es vielleicht für das Ergebnis einer überkandidelten religiösen Spinnerei zu halten. Die Erwartung des Messias war damals aber nicht nur sehr weit verbreitet, sondern extrem real und konkret. Für viele verarmte und unterdrückte Menschen war der Messias die einzige Hoffnung, die sie noch hatten! Man erwartete eine, eher aber mehrere reale Personen, die diese Rolle ausfüllen würden. Natürlich ging man davon aus, dass diese Gestalten ganz natürlich geboren und eine leibliche Mutter sowie einen leiblichen Vater haben würden. In der Vorstellung des damaligen Judentums war der Messias nämlich weder ein Gott noch der Sohn Gottes oder ein sonst wie überirdisches Wesen, sondern ein von Gott berufener und entsandter Mensch. Und weil zu einem Menschen immer auch eine Geburt gehört und nur eine Frau gebären kann – wie ja auch der Apostel Paulus zugesteht –, ist es durchaus wahrscheinlich, dass viele junge fromme Frauen davon träumten, die Mutter von einem Messias des Volkes Israel zu werden. Ja, möglicherweise gaben sich tiefgläubige Eltern jüdischer Mädchen sogar besondere Mühe, dass diese rein und tugendhaft blieben, um keinesfalls eine mögliche Messias-Schwangerschaft zu gefährden.

War das auch bei Maria der Fall? Hatte sie, wie andere auch, mit der Umsiedlung aus dem stark religiös geprägten Jerusalem in das eher heidnisch geprägte Galiläa Zuflucht bei religiös fundamentalistisch geprägten Gruppierungen gesucht? Dies könnte im Hintergrund der engen Beziehung stehen, die Maria offenbar zu ihrer Cousine Elisabeth pflegte. Diese war sogar mit einem Priester, Zacharias, verheiratet und wurde der Tradition zufolge die Mutter Johannes des Täufers, den viele zunächst für den Messias hielten.

Das, was das Lukasevangelium in seinem ersten Kapitel erzählt, scheint genau diese Situation und dieses Lebensgefühl abzubilden. Maria scheint während ihrer Schwangerschaft ganz von eschatologischen Erwartungen beseelt zu sein, und möglicherweise war sie damals nicht die Einzige, die das Kind, mit dem sie schwanger war, und damit sich selbst für etwas ganz Besonderes hielt. Doch nur von Maria ist uns ein Lobgesang überliefert, der ein solches Bewusstsein bezeugt. Das Lukasevangelium lässt die im sechsten

Monat schwangere Maria nämlich jubeln: »Meine Seele macht den Herrn riesig, und mein Geist jubelt über Gott, meinen Retter. Denn auf die Niedrigkeit seiner Magd hat er geschaut. Siehe, in der Tat von nun an werden mich preisen alle Generationen« (Lk 1,46-48). Das klingt nach einer sehr selbstbewussten, vielleicht auch ein wenig eitlen, selbstgefälligen jungen Frau! Und auch die Verheißung, die Maria im nach dem ersten lateinischen Wort des Liedes genannten *Magnificat* abgibt, kennt keine Bescheidenheit: »Die Mächtigen hat [Gott] von Thronen gestürzt. Die Kleinen erhoben. Die Hungrigen mit Gütern gesättigt. Die Reichen hat er beraubt« (Lk 1,52-53).

> Die schwangere Maria gibt sich nicht demütig, sondern arrogant und überheblich.

Marias Blick ist dabei nicht auf das Kind, den möglichen Messias-Sohn gerichtet, den sie zur Welt bringen soll. Es geht im *Magnificat* vielmehr ganz allein um sie selbst. Sie ist es, die Großes erfahren hat und es zu bleibender Bedeutung bringen wird. Da ist keine Spur von Hingabe, Demut oder Unterwerfung, wie sie die kirchliche Tradition Maria später zuschreiben und entsprechend dann auch von der »guten christlichen Ehefrau und Mutter« einfordern wird. Das sind Entschlossenheit und ein starkes Selbstbewusstsein, hart an der Grenze zu Arroganz und Einbildung. Beste Voraussetzungen, um auch den Sohn mit einiger Selbstgewissheit auszustatten!

... da erschien ihm ein Engel des Herrn im Traum. (Mt 1,20)

Sohn eines planlosen Vaters

Zur Zeit Jesu, war es üblich, den Namen eines Menschen vom Namen seiner Vorfahren, meistens vom Namen seines Vaters, abzuleiten. Man verwendete ein sogenanntes »Patronymikon«, in der Weise, dass man sagte: »Das ist X, Sohn des Y«, wobei Y für den Namen des Vaters stand. Im Hinblick auf Jesus kommt diese gängige Art der Bezugnahme auf den Vater zur Bezeichnung des Sohnes allerdings äußerst selten vor: Im kompletten Textkanon des Neuen Testaments wird von Jesus nur ein einziges Mal als dem »Sohn des Josef« gesprochen, und zwar zu Beginn des Johannesevangeliums in einer erst sehr spät dem Urtext hinzugefügten Episode. Das Lukasevangelium hingegen stellt unmissverständlich klar, dass Jesus nur für den Sohn Josefs gehalten wurde (Lk 3,23). Als der zwölfjährige Jesus einmal drei Tage lang verschwunden war, stellt Maria ihren im Jerusalemer Tempel wieder aufgetauchten Sohn zur Rede. Sie hält ihm dabei auch vor, wie sehr sie und sein Vater sich Sorgen gemacht hätten. Jesus antwortet wenig beeindruckt mit den Worten: »Wisst ihr nicht, dass ich sein muss in dem, was meines Vaters ist?« (Lk 2,49) Die freche Replik des Sohnes sollte die Mutter wohl daran erinnern, dass auch Jesus selbst Josef nicht als Vater ansah, sondern vielmehr einen anderen: Gott selbst.

Josef hat in den kanonischen Evangelien nur wenige Auftritte am Beginn des Lebens Jesu. Danach verschwindet er bald gänzlich aus den Berichten, und über seinen Tod verliert das Neue Testament kein einziges Wort. Dazu passt, dass die Evangelisten bei Jesus schon sehr früh zum Matronym übergehen: Er wird nunmehr als »Sohn der Maria« (Mk 6,3) bezeichnet. Das entspricht nicht wirklich der jüdischen Tradition, ist damals darum sehr unüblich und wurde im Grunde als eine Beleidigung für den Sohn, und mehr noch als eine Herabsetzung des Vaters empfunden. In der lateinischen Überlieferung der griechischen neutestamentlichen Evangelien wird Josef dann auch zum *pater putativus* – zum »mutmaßlichen Vater« also. Die Übersetzung dieses Begriffes mit »Ziehvater«, wie sie die gängigen deutschen Bibelübersetzungen kennen, klingt das schon fast wieder wie eine Aufwertung der Bedeutung des Josef. Immerhin sagt das Wort »Ziehvater« irgendwie auch, dass Josef eine Entscheidung für den Sohn getroffen hat ...

> Die lateinische Bibel spricht von Josef als dem »mutmaßlichen« Vater Jesu.

Analysiert man den Textbefund des Neuen Testaments, so treten vor allem drei Aspekte deutlich hervor: erstens, dass Josef mit der unerwarteten Schwangerschaft seiner Frau ein großes Problem hatte; zweitens, dass Josef dennoch bereit war, Mutter und Kind zu schützen bzw. für sie da zu sein, und drittens, dass Josef nicht aus reiflicher Überlegung handelte, sondern weil er seinen Träumen vertraute.

Im apokryphen *Protoevangelium des Jakobus* deutet Josef die Schwangerschaft seiner Verlobten unmissverständlich als Folge eines Ehebruchs bzw. einer betrügerischen Affäre, die Maria gehabt haben muss. Ja, er vergleicht sich selbst sogar mit Adam, der – nach dieser Leseweise – von Eva betrogen und damit zum Ziehvater des Kindes gemacht wurde, das sie von der Schlange empfangen hat: Kain, den späteren Brudermörder.

Träume, göttliche Eingebungen oder Verheißungen kommen im *Protoevangelium des Jakobus* nicht vor und tragen darum auch nicht zur Lösung des Problems bei. Vielmehr vertraut Josef auf die Priesterschaft. Er meldet das Vergehen seiner Frau und ist bereit, das Ordal, ein Gottesurteil, zu akzeptieren. Das konnte auch für ihn negative Konsequenzen haben. Beide müssen nämlich ein Prüfungswasser trinken, das die Eigenschaft hat, Sünden sichtbar zu machen. Maria und Josef haben aber Glück: Da die Prüfung keine Sünde offenbart, kann das Paar von jeder Schuld freigesprochen werden und Josef nimmt Maria wieder zu sich. Die Schwangerschaft der viel zu jungen Frau ist für ihn als alten Mann aber dennoch peinlich und er überlegt, ob er Maria nicht als eine seiner Töchter ausgeben könnte.

Ganz anders im *Matthäusevangelium*: Hier sind es Träume, die Josef in seinem Handeln leiten. Dabei gilt zu beachten, dass Träume sowohl im Alten Testament als auch in den Nachbarkulturen Israels ein bewährtes literarisches Mittel sind, um eine göttliche Offenbarung zum Ausdruck zu bringen. Träume kündigen die Zukunft an oder fordern zu bestimmten Handlungen auf. So auch die Träume Josefs. Dennoch kann man sich des Eindrucks nicht erwehren, dass sich der gute alte Josef im kanonischen Matthäusevangelium weniger auf rationale Überlegungen verlässt als vielmehr auf wundersame Eingebungen und die Einflüsterungen anderer. Ein Traum veranlasst ihn, sich trotz der mysteriösen Schwangerschaft, mit der er sicher nichts zu tun hat, für Maria zu entscheiden. Nach einem weiteren Traum flieht er nach der Geburt des Kindes vor dem Zorn des Herodes nach Ägypten. Einige Jahre später verrät ihm ein dritter Traum, dass der böse König Herodes tot sei, sodass er eigentlich mit Frau und Kind nach Hause zurückkehren könne. Dummerweise rät ihm ein vierter Traum aber, nicht nach Jerusalem zurückzukehren, sondern den Wohnsitz der Familie nach Galiläa in das kleine Dorf Nazareth zu verlegen.

> Josef verlässt sich mehr auf seine Träume als auf rationale Überlegungen.

Insgesamt ergibt sich das Bild eines Mannes, der die Verantwortung, die ihm als Ehemann und Vater zukommt, nie in der Weise eigener Überlegung und Entscheidung wahrnimmt, sondern der sich stattdessen lieber auf – mehr oder weniger – klare Weisungen verlässt, die er im Traum erhalten hat. Die Tradition hat es dann aber gut mit Josef gemeint und ihm sein Verhalten als unerschütterliches Gottvertrauen ausgelegt. Ansonsten schweigen die kanonischen Quellen. Erschließen lässt sich aber aus ihnen, dass Josef seinem Sohn Jesus, wie es damals üblich war, ein Handwerk beigebracht haben muss: Denn als der eines Tages nach Nazareth zurückkehrt, wird er nicht »Sohn Josefs«, sondern »Sohn des Zimmermanns« genannt (Mt 13,55), was dem Markusevangelium zufolge auch der Beruf Jesu gewesen sein dürfte (Mk 6,3).

Bei derart lückenhaften biografischen Angaben ist es nicht verwunderlich, dass Josef vor allem bei den Autoren jener parallelen Überlieferungen, die nicht in den Kanon der Bibel aufgenommen wurden, reges Interesse findet. All diese sogenannten apokryphen Schriften gehen davon aus, dass Josef bei der Eheschließung bereits sehr alt und Maria deutlich jünger war als er. Folglich nimmt man an, dass Josef starb, als Jesus noch jung war, und entsprechend berichten die *Kindheitserzählungen des Thomas*, einer Schrift aus dem späten zweiten Jahrhundert, nur von der Beziehung zwischen Josef und dem noch jungen Jesus.

In dieser Quelle legt Josef bei der Erziehung des – zugegebenermaßen nicht ganz einfachen – Jungen eine ähnliche Planlosigkeit an den Tag wie bei den vorangegangenen großen Entscheidungen, das Geschick der Familie betreffend. Der kleine Jesus unternimmt nämlich z.B. andauernd Dinge, die einem frommen Juden am Sabbat nicht erlaubt sind, außerdem prügelt er sich mit anderen Kindern oder bestraft sie im Zorn gar mit dem Tode. Andere, die nicht mit ihm spielen wollen, verwandelt er in Ziegen. Die erzürnten Eltern lässt er zur Strafe erblinden. Seinen Lehrer Zachäus belehrt er reichlich herablassend und zeigt ganz klar, dass er nicht bereit ist, in der Schule zu sitzen und brav zuzuhören. Als Zachäus ihn – den didaktischen Methoden der damaligen Zeit entsprechend – auf den Kopf schlägt, verflucht der Junge den Lehrer, der auf der Stelle zum Krüppel wird.

Sowohl die aufgebrachten Eltern der getöteten oder in Geißlein verwandelten Spielkameraden als auch die empörten Rabbiner und andere Dorfbewohner kommen daher immer wieder zu Josef und beschweren sich über den offensichtlich schwer erziehbaren Jungen. Der arme Josef weiß sichtlich keinen Rat, wie er das widerspenstige und mit übernatürlichen Kräften ausgestattete Kind bändigen soll. Immer wieder gibt er Jesus Hausarrest und schimpft ihn mit mehr oder weniger großer Überzeugungskraft aus.

Im *Leben des Johannes* vom ägyptischen Bischof Serapion aus dem späten vierten Jahrhundert ist belegt, dass Josef häufig und selbstverständlich Jesus schlug oder tadelte. Als einmal Maria den weinenden Jesus sieht, fragt sie sofort und selbstverständlich: »Warum weinst du? Hat dich der alte Josef gescholten?« Die Unsicherheit des Vaters dürfte aber nicht nur in dessen Charakter gelegen, sondern einen Grund auch in den Reaktionen des Sohnes gehabt haben. Als Josef es nämlich einmal wagt, ihn mit scharfen Worten zurechtzuweisen und am Ohr zu packen, muss er selbst um sein Leben fürchten, denn Jesus nennt ihn – zumindest in einer slawischen Übersetzung des *Kindheitsevangeliums des Thomas* – einen »Gauner« und droht, ihn umbringen zu wollen.

> Die Beziehung zwischen Josef und dem kleinen Jesus war schwierig.

Hin und wieder ist Josef aber auch stolzer Zeuge der Wunderkräfte seines Sohnes, der Menschen vom Tod auferweckt oder seinen von einer giftigen Schlange gebissenen Bruder heilt. Einmal wirkt Jesus für seinen Vater sogar ein Wunder. Als Josef, der eigentlich nur grobes Werkzeug für die Feldarbeit herstellte, ein feines Bett zimmern soll, verschneidet er die dafür vorgesehenen Holzbretter. Sie sind unterschiedlich lang, nichts passt und das Material scheint verdorben. Glücklicherweise hat der kleine Jesus aber gerade einen guten Tag. Er konzentriert sich auf seine übernatürliche Power und zieht die falsch abgesägten Bretter in die richtige Länge, sodass der ungeschickte Josef doch noch sein Werk vollenden kann.

Alles in allem zeigt sich uns die Figur des Josef als eine tragische. Seine Beziehung zu Jesus bleibt zeitlebens problematisch. Der im hohen Alter noch einmal Vater Gewordene scheint bei aller Lebenserfahrung nur wenig Vertrauen in die eigene Urteilskraft zu haben. Er traut seinen Träumen mehr als rationalen Erwägungen. Solange Jesus noch ein Baby ist, funktioniert das ganz gut. Sobald der Sohn aber zu einem frechen, schwer zu kontrollierenden Kind herangewachsen ist, wird das planlose Agieren des Vaters zum Problem. Am Ende steht daher – durchaus im Einklang mit dem Gesamtbild – ein Vater, der wieder nicht (entschlossen) eingreift, sondern einfach nur noch entnervt ist und resigniert. Er ist seinem Sohn kein wirkliches Gegenüber – konsequenterweise lassen ihn die biblischen Autoren klanglos dann auch von der Bildfläche verschwinden. Es ist dennoch offenkundig, dass dieses Josef-Bild erzählerisch umsetzen will, was in der frühen Kirche allgemeine Überzeugung war.

»Siehe, dein Vater und ich haben dich mit Schmerzen gesucht ...« (Lk 2,48)

Sohn von überforderten Eltern

Die ältesten Notizen zur Familie des Gottessohnes finden sich bei Paulus, was insofern bemerkenswert ist, als er sich eigentlich sehr wenig für den »irdischen« Jesus interessiert. Nichtsdestotrotz erwähnt er im Brief an die Galater, dass Jesus von einer Frau geboren wurde (Gal 4,4) und dass er einen älteren Bruder hatte, Jakobus, der später die Jerusalemer Gemeinde der Menschen, die Jesus nachfolgten, leitete und dem Paulus selbst begegnet war (Gal 2,9-12). Den Namen von Jesu Mutter oder die Existenz eines Vaters erwähnt Paulus allerdings mit keinem Wort. In den in der Zeit nach Paulus entstandenen Geburtsgeschichten, die in zwei kanonischen Evangelien überliefert werden, dagegen treten die Eltern Jesu gemeinsam auf. Damit wird betont: Jesus hatte Mutter und Vater und war damit »einer von uns«. Allerdings wird der »normale Junge« dann auch wieder als ganz besonderes Menschenkind beschrieben.

Die im Lukasevangelium überlieferte Episode von der Wallfahrt nach Jerusalem, in der zum letzten Mal beide Eltern auftreten, erfüllt eine messianische Funktion und führt Jesus als den kommenden Erlöser vor. Der zwölfjährige Jesus geht nämlich im Tempel verloren, als die Familie nach Jerusalem gepilgert ist, um dort das Passahfest zu feiern. Drei Tage lang wird er vermisst.

Als Maria ihren Jungen wieder vor sich hat, ist sie ziemlich außer sich (Lk 2,48) und schimpft ihn mit deutlichen Worten aus. Sie versucht, dem wiedergefundenen Sohn begreiflich zu machen, dass sie sich als Eltern um ihn Sorgen gemacht haben: »Dein Vater und ich haben dich mit Schmerzen gesucht« (Lk 2,48). Der halbstarke Jesus dagegen gibt sich lässig, schließlich hat er schon den Blick auf das größere Ganze. Etwas herablassend antwortet er: »Wusstet ihr nicht, dass ich in dem sein muss, was meines Vaters ist?« (Lk 2,49). Wie Josef auf diese Antwort reagiert hat, ist nicht überliefert. Klar ist aber: Der junge Jesus hat sich nach Meinung des Evangelisten früh von seinem irdischen Vater gelöst. Dessen Name kommt Jesus nicht einmal über die Lippen und nach der Episode im Tempel spielt Josef im Lukasevangelium dann auch keine aktive Rolle mehr.

Wenigstens etwas Bedeutung erlangt Josef dann allerdings wieder im später verfassten Johannesevangelium. Zur Zeit der Abfassung dieser Schrift gab es nämlich einige Gläubige, die meinten, Jesus sei nur »scheinbar« Mensch geworden, in Wirklichkeit sei er aber immer »nur« Gott gewesen. Diese Lehre nannte man Doketismus, von griechisch *dokeîn*, was so viel wie »scheinen« bedeutet. Die Frage der Juden im Johannesevangelium: »Ist das nicht Josefs Sohn, dessen Vater und Mutter wir kennen?« (Joh 6,42) – hat auf diesem Hintergrund eine klare theologische Funktion. Die im Entstehen begriffene Kirche betonte in autoritativen Schriften wie dem Johannesevangelium und wohl auch in der mündlichen Verkündigung auf diese Weise die Existenz eines realen Vaters und einer Mutter Jesu und meinte, damit den

In seiner Familie ist der Gottessohn Jesus ein »wahrer Mensch«.

Beweis dafür geliefert zu haben, dass Jesus – gemäß der späteren Lehre – eben nicht nur ganz Gott, sondern auch ganz Mensch war.

Und nicht nur über das Verhältnis von göttlicher und menschlicher Natur des Messias wurde gestritten. Diskutiert wurde auch darüber, in welcher Art von Beziehung Josef und Maria zueinandergestanden haben. Im Hintergrund steht hier der Umstand, dass in den kanonischen Evangelien die Beziehung zwischen den beiden nirgends klar erkennbar erscheint. Diese Unklarheit gab Anlass für Gerüchte und Verdächtigungen, gerade auch von Menschen, die der neuen Religion kritisch gegenüberstanden, wie z.B. einem antichristlichen Philosophen namens Kelsos. Um das Jahr 178 n.Chr. vertrat dieser in seiner Streitschrift *Wahre Lehre* die auch in jüdischen Kreisen verbreitete Auffassung, Jesus sei mitnichten von einer Jungfrau geboren worden. Josef sei vielmehr von seiner jungen Frau mit einem römischen Soldaten namens Panthera betrogen worden. Dieser sei der wahre Vater des Kindes.

Unbeeindruckt von solcher Kritik wurde das Christentum doch die Staatreligion im römischen Reich. Im vierten Jahrhundert hielt diese als zu glaubende Lehre fest, dass Maria die »Gottesmutter« und zugleich »immerwährende Jungfrau« sei. Beides trug allerdings nicht gerade dazu bei, einen realistischen Blick auf die historische Gestalt der Maria als Mutter Jesu zu entwickeln.

Versucht man, eine grobe Rekonstruktion der Familienverhältnisse Jesu vorzunehmen, darf nicht vergessen werden, dass auch die ältesten kanonischen Quellen immer die theologischen Überzeugungen und Absichten der jeweiligen Autoren widerspiegeln. Einen historischen Bericht wollen sie nicht abgeben. Darum bleiben Lücken, die bei den Menschen in den Gemeinden Fragen aufkommen lassen, z.B. die, warum Jesu irdischer Vater eine so unbedeutende Rolle spielt und offenbar schon gar nicht mehr lebt, als Jesus beginnt, in der Öffentlichkeit aufzutreten. Oder auch, wie es sein kann, dass Josef mit einer jungen Frau verheiratet, aber nicht der Vater ihres Kindes ist … In diesem Zusammenhang sind die apokryphen Schriften von großer Bedeutung. Diese versuchen nämlich, auf diese Fragen manchmal recht eigenwillige Antworten zu geben.

Das *Protoevangelium des Jakobus* etwa erzählt wie dem alten, aber noch voll berufstätigen Witwer Josef nach dem Tod seiner ersten Frau – später bekam sie den Namen Salome – mehr oder weniger zufällig, sicher aber ungewollt, ein junges Mädchen namens Maria anvertraut wird. Möglich ist, dass die Jerusalemer Priester dabei Druck auf Josef ausgeübt haben; seine Reaktion jedenfalls ist alles andere als begeistert: »Ich habe schon Söhne und bin alt, aber sie ist ein junges Mädchen. Ich fürchte, ich werde zum Gespött der Söhne Israels«, wendet er sichtlich überfordert ein. Erst als der Priester ihm droht, er werde so enden wie die Verräter des Volkes Israel, Dathan, Abiram und Korah – nämlich von einem Riss in der Erde verschlungen werden –, fügt sich Josef dem offensichtlich Unvermeidlichen. Doch Josef muss arbeiten und lässt die zwölfjährige Maria zu Hause zurück. Als er Jahre später zurückkehrt, findet er die inzwischen Sechzehnjährige schwanger vor und fühlt sich – wenig überraschend – betrogen. Es kommt sogar zu einem

Der alte Witwer Josef heiratet die junge Maria nur mit Widerwillen.

Prozess vor dem Hohepriester, denn Josef hätte auf die Unversehrtheit des jungen Mädchens aufpassen sollen. Josef fühlt sich von Maria betrogen und mit Verweis auf das Schicksal Adams, der von Eva mit dem Teufel betrogen wurde, beklagt er seine Lage. Josef wird zwar von der Anklage des vorehelichen Geschlechtsverkehrs mit einer Jungfrau freigesprochen, dieser Vorwurf hält sich aber derart hartnäckig, dass im *Nikodemusevangelium* – einem apokryphen Text aus dem Beginn des vierten Jahrhunderts, der den Prozess Jesu vor Pilatus ganz genau beschreibt – die Juden Jesus gerade wegen seiner unehelichen Geburt nicht als Messias anerkennen wollen. Trotz des Freispruchs ist die Situation für Josef äußerst unangenehm. Er überlegt sogar, ob er Maria als seine Tochter ausgeben soll, denn eine so viel jüngere schwangere Frau an seiner Seite ist ihm äußerst peinlich. Das Familienglück der beiden war also von Anfang an getrübt. Wie alt Josef wirklich war, wissen wir nicht, aber er dürfte tatsächlich – für die damaligen Verhältnisse – sehr alt gewesen sein. So zumindest in der Schrift *Die Geschichte von Josef dem Zimmermann*, einem aus dem sechsten oder siebten Jahrhundert stammenden Werk, das im byzantinischen Ägypten auf Griechisch verfasst wurde, aber lediglich in koptischer und arabischer Übersetzung überliefert ist. Sie stellt Josef als alten Mann vor. Er sei mit 89 Jahren Witwer geworden, habe wenige Jahre später Maria geheiratet und sei mit 111 Jahren gestorben. Selbstverständlich sind das Übertreibungen, die zum Teil auch eine symbolische Bedeutung haben. Deutlich wird aber: Die Tradition geht sehr konsequent von einem großen Altersunterschied zwischen Maria und Josef aus. So stellt sie Josef zwar an die Seite Marias und kann festhalten,

dass Jesus als Mensch einen irdischen Vater hatte, lässt

aber zugleich Raum zwischen beiden, in dem sozusagen das göttliche Wirken an Maria Platz hat. Der alte Josef ist es, der dieses gottergeben akzeptiert und sich so in den Dienst dessen stellt, was Gott offenbar mit seiner Frau und der Welt vorhat.

Dass das kein Spaß war, erzählt die schon erwähnte *Kindheitsgeschichte des Thomas*, ein Text aus dem zweiten Jahrhundert. Im fünften Kapitel dieser Schrift heißt es etwa: »Als Josef sah, dass Jesus solches tat, stand er auf, nahm ihn bei den Ohren und zupfte ihn gehörig.« Der kleine Jesus ließ sich das aber nicht gefallen und reagierte empört: »Genug [...], du hast sehr unweise gehandelt. Weißt du denn nicht, dass ich nicht dein bin?« Von dieser Antwort verletzt, vielleicht aber auch in Sorge, dass Jesus ihn verfluchen oder zum Krüppel werden lassen könnte, wie er es schon bei anderen Menschen getan hatte, gibt Josef schnell jeden erzieherischen Anspruch auf und delegiert das Projekt kurzerhand an seine jugendliche Frau. Diese scheint aber auch nicht viel Erfolg zu haben. Denn schon bald kommt es zu neuen, noch gravierenderen Problemen: Nachdem der Toralhlehrer Jesus für eine respektlose Antwort einen Schlag auf den Hinterkopf gegeben hat, lässt dieser den Gelehrten tot umfallen, was natürlich nicht gerade die Zustimmung der Dorfgemeinschaft findet. Vater und Mutter sind am Ende ihres Lateins und Josef fällt nur noch ein, dem unbändigen Sprössling auf Dauer Hausarrest zu erteilen. »Du sollst ihn mir nicht aus der Tür lassen!«, befiehlt er Maria.

Wie es den Dreien dann weiter ergangen ist, ist nicht bekannt. Vielleicht haben die Eltern doch noch eine

> Josef scheint bei der Erziehung Jesu nicht sehr erfolgreich gewesen zu sein.

Lösung für ihre Erziehungsprobleme gefunden; denn das Lukasevangelium suggeriert mit der Formulierung, Jesus »kam nach Nazareth und war ihnen untertan« (Lk 2,51) zumindest einen einigermaßen artigen Sohn. Der Ziehvater Josef jedenfalls findet danach in den kanonischen Evangelien keine Erwähnung mehr. Von Maria erfahren wir nur, dass sie »alle diese Worte in ihrem Herzen bewahrte« (Lk 2,51), wobei hier nicht ganz klar ist, ob es sich dabei um positive Erinnerungen handelt oder um ein ständiges Gefühl der Überforderung, das sie nach außen nicht gezeigt, sondern in ihrem Herzen eingeschlossen hat.

Der mittlerweile erwachsene Jesus tritt etwa zwanzig Jahre später mit einer eigenwilligen Botschaft an die Öffentlichkeit. Er wird zum Wanderprediger. Als solcher ist er der Mutter und seinen Geschwistern peinlich: Das Markusevangelium erzählt, wie unangenehm es der Familie ist, dass Jesus Menschen um sich versammelt und ihnen Vorträge hält. Als sie einmal hören, dass er schon wieder für Rummel sorgt, »machten sie sich auf und wollten ihn festhalten, denn sie sprachen: Er ist von Sinnen.« (Mk 3,21)

Nach einer harmonischen Patchwork-Familie hört sich das nicht gerade an.

... und Jesus fand Gefallen bei Gott und den Menschen ... (Lk 2,52)

Ein unerträglich begabtes Kind

Über die Kindheit des kleinen Jesus in Nazareth berichten die kanonischen Evangelien so gut wie nichts. Sie erzählen von der Geburt Jesu und der Flucht nach Ägypten, wo er nicht wirklich eine aktive Rolle einnimmt. Dann scheinen die neutestamentlichen Autoren zunächst einmal das Interesse am Heranwachsen des Gottessohnes zu verlieren. Erst als Zwölfjähriger, den die Eltern im Jerusalemer Tempel vergessen haben und nach drei Tagen wiederfinden, erscheint er wieder auf der Bildfläche.

Dieses Schweigen der kanonischen Schriften hat dazu geführt, dass schon in den ersten Jahrzehnten der sich entwickelnden christlichen Kirche eine ganze Reihe von apokryphen Erzählungen über die Kindheit Jesu entstanden sind. Die ersten Überlieferungen wurden bereits im zweiten Jahrhundert in unterschiedlichen Sammlungen zusammengefasst. Der Zweck dieser Texte war ein doppelter: Zum einen ging es darum, die Neugier der Menschen zu befriedigen, die sich in immer größerer Zahl für das Christentum und damit auch für seinen »Begründer« zu interessieren begannen. Zum anderen mussten aber auch theologische Fragen geklärt werden. Von besonderem Interesse war dabei natürlich die Christologie, also die Beschreibung bzw. Erklärung der sogenannten »Natur« Jesu. Diese musste irgendwie sowohl seine Göttlichkeit als **53** auch seine Menschlichkeit umfassen, da ja nach der Lehre Jesus zugleich Mensch und Gott war. Mit dieser Vorstellung handelte man sich eine ganze Reihe von Problemen ein: Warum kam der göttliche Erlöser aus Nazareth, obwohl der Messias laut Verheißung in Betlehem geboren werden sollte? Wie verhielt es sich mit der Jungfräulichkeit und Reinheit seiner Mutter und mit Jesu priesterlicher Rolle als Messias? Konnte ein Gott am Kreuz sterben? usw.

Die Überlieferungen über das Jesuskind verselbstständigten sich im dogmatischen Getümmel der ersten Jahrhunderte des Christentums relativ schnell. Während die kanonischen Evangelien dazu weitgehend schwiegen, lieferten die apokryphen Texte den Menschen die Sensationen und den Tratsch, wie ihn heute Boulevardblätter bieten. Sie befriedigten damit den Voyeurismus der Zeitgenossen, die nicht so sehr Interesse an den dogmatischen Spitzfindigkeiten der Theologen hatten, sondern einfach gerne wissen wollten, wie das denn nun gewesen sei mit dem kleinen Jesus, der der Erlöser werden sollte.

> Nur die Apokryphen erzählen vom »wilden« Leben des Jesuskindes.

Das allerdings, was diese Quellen erzählen, lässt sich nur schwer mit unserem Bild des sanftmütigen Wanderpredigers vereinbaren, und auch die gerade im Entstehen begriffene Kirche hatte an diesen abenteuerlichen Erzählungen keine Freude. Sie kam aber nur schwer dagegen an. Erst mit dem *Decretum Gelasianum* (um 490) gelang es, die apokryphen Evangelien zu verurteilen. Dennoch blieben sie für eine sehr lange Zeit ein selbstverständlicher Bestandteil der Volksfrömmigkeit.

Im 16. Jahrhundert unternahm Papst Pius V. dann noch einmal einen Versuch. Nachdem er Waldenser, Hugenotten und Juden nach seiner Auffassung erfolgreich in die Schranken gewiesen hatte, knöpfte er sich die Apokryphen vor. Er versuchte, sie aus dem kirchlichen Leben zu verbannen, indem er sie auf den Index der verbotenen Bücher setzte und auf großen Scheiterhaufen verbrannte. Der Erfolg war bescheiden: Erzählungen wie die von der Heirat von Maria und Josef oder der Hebamme Salome waren längst selbstverständlicher Bestandteil der mündlichen Überlieferung. Und auch in der Kunst hatten diese Motive einen festen Platz. So hatte Leo III. (der Krönungspapst Karls des Großen) im neunten Jahrhundert in der römischen Lateranbasilika die nur aus den apokryphen Evangelien bekannte Lovestory von Joachim und Anna, den Eltern Marias, darstellen lassen. 500 Jahre später wurde das Motiv wieder aufgegriffen und von Giotto in der Arenakapelle von Padua ein weiteres Mal künstlerisch umgesetzt.

In den nicht in den biblischen Kanon aufgenommenen Texten finden sich sehr viele Erzählungen zur Kindheit des kleinen Jesuskindes. Diese zeichnen ein – aus heutiger Sicht – durchaus problematisches Bild. Das Hauptziel der Kindheitsevangelien dürfte ursprünglich gewesen sein, vor Augen zu führen, dass Jesus schon als kleiner Junge eine uneingeschränkte Wunderfähigkeit besessen hat. Damit sollte unterstrichen werden, dass an seiner Göttlichkeit von Anfang an kein Zweifel bestehen konnte. Im Bemühen darum, auch die kleinste Unsicherheit zu entkräften, kann oder muss Jesus sogar dann Wunder wirken, wenn er selbst gar nichts tut bzw. sich nicht bewusst ist, etwas zu tun. Wunder passieren ihm einfach.

So vollbringt schon das neugeborene Kind ein allererstes Wunder: Das *Protoevangelium des Jakobus* berichtet von der Hebamme Salome, die an der unversehrten Jungfräulichkeit Marias zweifelte und diese überprüfen wollte, indem sie einen Finger in die Scheide der Gottesmutter legte. Natürlich wird sie sofort bestraft, indem ihre Hand »wie vom Feuer verzehrt« abfällt. Salome sieht daraufhin ihren Kleinglauben und ihre Schuld ein, bereut die sündige Tat und wird von einem Engel aufgefordert, das Jesuskind zu berühren. In dem Moment, in dem sie das tut, wird sie augenblicklich geheilt.

Dass Jesus durch seine bloße Anwesenheit heilen kann, bezeugen auch die kanonischen Evangelien. Nach der Vorlage des Markusevangeliums (Mk 5,25-34) erzählen sowohl das Matthäus- (Mt 9,20-22) als auch das Lukasevangelium (Lk 8,43-48) von der Heilung der sogenannten blutflüssigen Frau, die seit zwölf Jahren krank war. Von Jesus zunächst unbemerkt, nähert sie sich ihm und greift nach seinem Mantel. Sie wird augenblicklich geheilt. Jesus, der eigentlich gar nichts getan hat, bemerkt jedoch zumindest, dass eine Energie von ihm ausgegangen ist.

> Jesus ist Gott von Anfang an. Als Kind »passieren« ihm jede Menge Wunder.

Das *arabische Kindheitsevangelium* (6. Jh.) ist ebenfalls eine wahre Fundgrube für seltsame Wunder des Jesuskindes. Es beginnt damit, dass seine Windeln feuerresistent sind, aber auch sein Badewasser wird als Heilmittel eingesetzt: Ein aussätziges Mädchen und ein ebenso kranker Junge werden damit geheilt, bevor auch ein blinder Freund dank Badewasser seine Sehkraft wiederfindet.

Natürlich kann der Gottessohn aber nicht bloß passiv Wunder wirken, sondern auch aktiv. Als er sich dessen als kleiner Junge bewusst wird, verwendet er seine Sonderbegabung allerdings nicht nur für gute Zwecke. Selbstverständlich setzt Jesus seine göttlichen Kräfte von klein auf ein, um notleidenden Menschen zu helfen. Vor allem aber hilft er seiner Familie. Im *Evangelium des Pseudo-Matthäus* (7.-9. Jh.) zum Beispiel macht er die Drachen, Löwen und Panther unschädlich, die Josef und Maria auf dem Weg nach Ägypten fressen wollten. Oder er beamt seine Eltern in nur einem Tag von einem Ort zum anderen, obwohl der Weg eigentlich dreißig Tage gedauert hätte.

In den *Kindheitserzählungen des Thomas* (ca. Ende 2. Jh.) wird berichtet, dass er seinen älteren Bruder Jakobus heilt, der von einer Natter gebissen wurde, und das Tier anschließend zum Platzen bringt. Ein anderes Mal schickt ihn Maria mit einem Krug Wasser holen. Auf dem Weg zum Brunnen lässt Jesus das Gefäß aber fallen und nutzt dann kurzerhand seinen Stoffumhang, um das Wasser nach Hause zu tragen.

Grundsätzlich ist der junge Jesus aber auch bereit, fremde Menschen in den Genuss seiner Begabung kommen zu lassen. Ebenfalls in den *Kindheitserzählungen des Thomas* wird erzählt, dass er einen Bauarbeiter, der vom Dach eines Hauses gefallen ist, wieder zum Leben erweckt, ebenso wie ein tödlich verunglücktes Kind. Außerdem fügt er den von einer Axt gespaltenen Fuß eines jungen Holzarbeiters wieder zusammen und heilt die Wunde.

Am liebsten nutzt der kleine Jesus seine wundersamen Kräfte aber beim Spielen. Aus dem weichen Lehm am Ufer eines Baches formt er zwölf Spatzenskulpturen. Da er das aber an einem Sabbat tut, empören sich einige fromme Juden. Jesus hat mit seiner Bildhauerei am Sabbat gearbeitet und damit nach dem jüdischen

Gesetz den von Gott gegebenen Ruhetag entweiht. Die verärgerten Männer stellen in der Folge Josef zur Rede, der schimpft den Sohn. Doch das hochbegabte Kind zeigt sich ganz und gar nicht reumütig. Es klatscht selbstbewusst in die Hände und schwups!, schon werden die Lehmspatzen lebendig und fliegen davon. Diese Geschichte hat die Menschen damals so beeindruckt, dass sie sogar Eingang in den Koran und damit in die islamische Tradition gefunden hat.

Der kleine Jesus wirkt beim Spielen Wunder und, um andere zu ärgern.

Der kleine Jesus konnte aber auch wütend werden und gerade in solchen Situationen waren seine Superkräfte natürlich sehr praktisch. Wieder einmal ins Spielen am Bach vertieft, ärgert sich Jesus über den kleinen Sohn des Schriftgelehrten Hannas, der nichts Besseres zu tun hat, als den Staudamm zu zerstören, den er gerade gebaut hatte. »Du Frecher, Gottloser, Dummer!«, schimpft er entrüstet und verflucht den anderen Jungen, sodass der »verdorrt« zu Boden fällt. Als die Eltern des Kindes zu Josef kommen und eine Strafe für Jesus verlangen, lässt dieser sie sofort erblinden und beschimpft auch noch seinen Vater. Kein Wunder, dass anschließend niemand mehr mit ihm spielen wollte. Die Kinder hatten vor Jesus und seinen unberechenbaren Wunderkräften einfach Angst.

Das *arabische Kindheitsevangelium* erzählt daher die durchaus nachvollziehbare Geschichte von einem traurigen Jesus, der einsam nach Freunden sucht, die sich aber vor ihm verstecken. Kurzerhand beschließt er, etwas dagegen zu unternehmen und gleichzeitig den anderen Kindern eine Lektion zu erteilen: Er verwandelt die anderen Kinder in kleine Geißlein. Erst als die verzweifelten Mütter ihn anflehen, als den guten Hirten anbeten und schmeicheln, erbarmt er sich und gibt den Kindern ihre ursprüngliche Gestalt zurück. Ein anderes Mal beschließt er, mit den wieder zu Freunden gewordenen ehemaligen Geißlein einem Färber einen Streich zu spielen, und wirft alle weißen Tücher in einen Kessel mit blauer Farbe. Als der arme Mann nach Hause kommt, das Malheur entdeckt und beginnt, lautstark sein Unglück zu beklagen, bekommt das Jesuskind doch ein schlechtes Gewissen. Es holt die Tücher wieder aus dem Bottich und siehe da, sie haben alle unterschiedliche Farben, genauso, wie es die Kunden in Auftrag gegeben hatten.

> Manche Wundergeschichten zeigen ein recht unsympathisches Jesuskind.

Um diese und die vielen anderen Erzählungen vom unerträglich begabten Jesuskind richtig einzuordnen, muss man sich klar machen, dass Jesus natürlich niemanden tot umfallen lassen oder in ein Tier verwandelt hat. Das Ziel der Autoren war es gar nicht, Dinge aufzuschreiben, wie sie sich wirklich zugetragen haben. Vielmehr wollte man veranschaulichen, dass Jesus wirklich Gottes Sohn ist und dass das von Anfang an nicht zu übersehen war. Allerdings zeichnen die geschilderten Episoden nicht gerade ein sympathisches Bild von jener Gestalt, die heute allen als sanftmütiger Heiland bekannt ist. Selbst wenn man zugestehen wollte, dass Jesus schon sehr früh Wunder wirken konnte, muss man doch konstatieren, dass er seine Macht leider recht leichtfertig missbraucht haben muss und in der Folge oft einsam und isoliert blieb. Seine Freunde hatten Angst vor ihm, die Erwachsenen brachte er zur Weißglut und seine Eltern fanden keinen Weg, den besonderen Sohn zu einem etwas verträglicheren Kind zu machen.

Warum die apokryphen Evangelien sich für diese doch reichlich negative Darstellung des Jesuskindes entschieden haben, lässt sich heute nicht mehr sagen. Da diese (leider) nicht sehr geeignet war, für das Christentum zu werben, also als gezielte »Propaganda« keinen Sinn machte, könnte es durchaus sein, dass die mündlichen Überlieferungen zum schwierigen Charakter des Gottessohnes so präsent waren, dass man diese »historische Wahrheit« nicht ganz leugnen, sondern nur im Sinn einer göttlichen Allmacht umdeuten konnte. So oder so präsentieren die apokryphen Schriften den jungen Jesus als unerzogen, frech und als sozial unangepasst. Ganz offensichtlich hat er Schwierigkeiten, mit seinen Begabungen und seiner Besonderheit umzugehen.

Damit stehen diese nicht-kanonischen Texte in unübersehbarem Widerspruch zum Lukasevangelium, das zwar keine Begebenheiten aus der Kindheit erzählt, aber doch zum Schluss kommt, der kleine Jesus sei von den Menschen geliebt worden (Lk 2,52). Wie es wirklich war, wird man nie erfahren.

... er saß mitten unter den Lehrern und hörte ihnen zu. (Lk 2,46)

Als Schüler ein Enfant terrible

Aus den Jahren, die Jesus vor seinem öffentlichen Wirken in Nazareth verbrachte, erzählen die Texte des Neuen Testaments nur eine Episode: Im Alter von zwölf Jahren reiste er mit seinen Eltern nach Jerusalem. Entweder weil die Familie an einer jährlichen Wallfahrt teilnahm oder im Zusammenhang mit einem kultischen Ritual, durch das der Sohn religiös mündig wurde. Diese Erzählung hat offensichtliche Parallelen zu den Viten anderer wichtiger Persönlichkeiten des Alten Testaments, wie Mose, Samuel oder Daniel. Auch von großen Männern der antiken Welt, wie Alexander dem Großen in Griechenland, Kyros in Persien, Osiris in Ägypten und Augustus in Rom, wird Ähnliches erzählt. Weil das Lukasevangelium die Geschichte zudem völlig losgelöst vom übrigen literarischen Kontext erzählt, wird sie in der Forschung heute als unhistorisch eingestuft.

Auffällig ist die Ähnlichkeit des Dargestellten zum ägyptischen Märchen von der wundersamen Geburt und Kindheit des Setme Chamois, dem erstgeborenen Sohn von Pharao Ramses II. und seiner Frau Meh-Usechet (13. Jh. v.Chr.). Die Geburt des kleinen Pharaos wird nämlich nicht nur durch das Eingreifen eines Gottes erst ermöglicht. Als der Junge etwas älter ist, wird zudem von ihm erzählt, dass er »heranwuchs und an Weisheit zunahm [...]« und dass ihm, als er zwölf Jahre alt war, »niemand im Land, weder Schriftgelehrter noch Weiser, in der Auslegung der heiligen Bücher gleichkam«. Ob die Verfasser des Lukasevangeliums mit der Episode des zwölfjährigen Jesus im Tempel bewusst einen Text schaffen wollten, der den hellenistischen Gläubigen in Ägypten die Gestalt Jesu durch den literarischen Vergleich mit dem Sohn eines bekannten Pharao näherbringen sollte, kann rückblickend nur gemutmaßt werden. Denkbar wäre es aber sehr wohl. Schließlich stellt auch das Matthäusevangelium mit der Episode von der Flucht nach Ägypten gezielt eine Verbindung zwischen Jesus und Ägypten her. Das macht durchaus Sinn. Denn in den ersten zwei Jahrhunderten unserer Zeitrechnung fing das Christentum an, sich auch in Ägypten zu verbreiten. Und natürlich waren die frühchristlichen Autoren bemüht, die Person und die Botschaft Jesu den Menschen in den neuen Gemeinden näherzubringen. Dabei zu literarischen Mitteln zu greifen und Episoden zu ergänzen, die zwar »frei erfunden«, aber dennoch glaubwürdig waren, muss ihnen als erfolgsversprechende Taktik erschienen sein, die de facto ja auch aufging.

Das altägyptische Motiv des »weisen Kindes« wird für Jesus verwendet.

Die Episode von Jesus im Tempel will die Weisheit und die ungewöhnliche Reife des jungen Heilands hervorheben, der wie ein Erwachsener mit den Lehrern spricht, aufmerksam zuhört und kluge Fragen stellt. Dieses Bild, das im Lukasevangelium unhinterfragt bleibt, wurde in der traditionellen christlichen Überlieferung und in der Kunst vielfach übernommen. Parallel dazu hat sich aber, ausgehend von den apokryphen Schriften, auch eine Tradition entwickelt, die ein ganz anderes, deutlich weniger positives Bild von Jesus als Schüler zeichnet.

Beide Traditionslinien, egal, ob Jesus als Musterschüler oder als Enfant terrible dargestellt wird, haben ein gemeinsames Ziel: Sie wollen zeigen, dass der Gottessohn – gerade weil er Gottes Sohn war – keine wirkliche Entwicklung durchmachen musste, wie es für ein Kind eigentlich normal wäre, sondern von Anfang an alle Weisheit und Offenbarungskraft besaß. Apokryphe wie kanonische Evangelien tendieren daher stark dazu, nur die göttliche Seite Jesu – oder: seine göttliche Natur, wie es die Theologen später nennen sollten – zu betonen.

Damit nahmen die Texte ein Thema auf, das in der Zeit, in der sie verfasst wurden, die ersten Christen zu beschäftigen begann. Denn in den ersten Jahrhunderten des Christentums begann sich allmählich der Glaube durchzusetzen, dass Jesus »wahrer Mensch und wahrer Gott in einer Person« sei. Allerdings dauerte es fast 700 Jahre, bis diese Lehre auf dem Konzil von Konstantinopel (680/681) endgültig als verbindlich festgelegt wurde. Was genau unter diesem Dogma zu verstehen ist und wie beispielsweise das uneingeschränkte Göttliche mit dem sehr begrenzten menschlichen Erkenntnisvermögen Jesu zusammengehen, wird in der Theologie auch heute noch leidenschaftlich diskutiert.

Für die Christen der ersten Jahrhunderte stellte sich die Problematik noch um einiges einfacher dar. Frei von den theologischen Spitzfindigkeiten kommender Zeiten versuchte man erst gar nicht, das Paradoxon aufzulösen, sondern entschied, an den Extremen und der immensen Spannung, die sich daraus ergab, festzuhalten. Jesus war für die Autoren der apokryphen Kindheitsevangelien ganz Gott und wusste deshalb auch schon als kleiner Junge alles. Er war zugleich aber auch ganz Mensch und hatte als Kind einfach keine Lust zu lernen. Deshalb spielte er den Erwachsenen – in den apokryphen Evangelien – auch jede Menge Streiche oder verübte gar unschöne Racheakte an seinen Lehrern.

Besonders übel musste es dabei seinem Lehrer Zachäus ergangen sein. Dessen Bemühungen, dem Jesuskind die Torah und die griechische Grammatik beizubringen und ihn nebenbei auch ein wenig zu erziehen, scheiterten kläglich. Die Geschichte vom alten Zachäus bildet den zentralen Hauptteil eines Werks aus dem späten zweiten Jahrhundert, das heute – nach syrischen und griechischen Bezeichnungen – als *Kindheitsgeschichte des Herrn Jesus von dem israelitischen Philosophen Thomas* bezeichnet wird. Die Schrift gehört zu den apokryphen Kindheitsevangelien und wurde in einem nichtjüdischen Umfeld, möglicherweise in Alexandrien, also in Ägypten, verfasst. Bei der griechischen Version handelt es sich wahrscheinlich um die älteste Abschrift des Textes, die heute noch existiert.

Die Storyline ist relativ simpel: Als Zachäus bemerkt, wie schwer sich Josef damit tut, den fünfjährigen Jesus zu erziehen, bietet er großzügig seine Hilfe an. Auch wenn wir heute die von Josef bereits versuchsweise eingesetzten Disziplinierungsmethoden – wie Ohrfeigen oder kräftiges Ziehen am Ohr – nicht mehr gutheißen, zeigt sich in der Eskalationsdynamik doch eine klare Überforderung seitens des Ziehvaters. Zachäus seinerseits ist zuversichtlich: »Ich will ihn mit den Buchstaben alles Wissen lehren«, sagt er. Er will Jesus also Grammatikunterricht geben, vor allem aber

Jesus war – glaubt man den apokryphen Evangelien – kein einfacher Schüler.

geht es ihm wohl darum, dem frechen Balg etwas Respekt beizubringen. Es heißt weiter: »Ich will ihn lehren, alle älteren Menschen zu grüßen und sie zu ehren wie Großvater und Vater und die Gleichaltrigen zu lieben«.

Doch der Unterricht verläuft anders, als geplant: Zachäus hat gerade das Alphabet aufgesagt, als Klein-Jesus beginnt, ihm eine lange Predigt zu halten, in der er die Besonderheiten der griechischen Buchstaben derart fachkundig erläutert, dass alle Anwesenden in Staunen versetzt werden. Dabei soll er derart streng in die Runde geblickt haben, dass die Erwachsenen vor Angst zu zittern und die anwesenden Kinder zu weinen begannen. Zachäus reagiert niedergeschlagen, meint, als Lehrer versagt zu haben. Er muss Josef rufen lassen, damit dieser das Kind, das er als »etwas Großes, einen Gott oder einen Engel« bezeichnet, nach Hause holt. Als Josef eintrifft, hat sich die Situation jedoch noch weiter zugespitzt. Die Eltern der anderen Kinder haben inzwischen nämlich begonnen, Zachäus aufzumuntern. Jesus sieht sich die Szene belustigt an und verspottet den niedergeschlagenen Lehrer mit lautem Gelächter. Möglicherwiese ging er in seiner geringschätzigen Reaktion sogar noch weiter, denn im Text heißt es: »Von da an wagte es niemand mehr, ihn [Jesus] zu erzürnen, damit er ihn nicht verfluche und er nicht zum Krüppel werde.«

Die im Altkirchenslawischen – einer Sprache, die von den Heiligen Cyrill und Method im 9. Jahrhundert quasi erfunden wurde – überlieferte Version der Geschichte ist noch um einiges härter, ebenso die syrische Übersetzung. Sie berichten vom Zorn des Josef und von einem sich weiterhin präpotent gebärdenden Jesus, der seine Allwissenheit genüsslich zur Schau stellt und die Anwesenden auf eine äußerst geringschätzige

Art und Weise belehrt. Obwohl das Wissen des Kindes von den anwesenden Juden als »unerhörtes Wunder« gelobt wird, wirkt Jesus – zumindest auf den modernen Leser – unangenehm zynisch, empathielos und von unglaublicher Arroganz.

Als er später von einem anderen, dieses Mal nicht namentlich genannten Lehrer wieder in die Schule zurückgeholt wird, fällt er abermals durch mangelnde Mitarbeit und unhöfliches Nicht-Zuhören auf, was den Lehrer natürlich verärgert. Als dieser dem kleinen Jesus eine Ohrfeige verpasst, wird er von diesem heftig zurechtgewiesen und muss eine lange wutentbrannte Rede über sich ergehen lassen, in der es im Wesentlichen um die Eigenschaften und das Wesen der ersten beiden Buchstaben des griechischen Alphabets geht.

Ein weiterer Lehrer, dessen Name ebenso wenig überliefert ist, hatte sich gar zum Ziel gesetzt, Jesus ganz einfache Grammatikregeln beizubringen. Die Warnung Josefs – »Wenn du den Mut hast, Bruder, dann nimm ihn mit!« – schlägt er in den Wind, resigniert aber schon bald und beobachtet von nun an nur, wie sein ungewöhnlicher Schüler allein in anspruchsvollen Gesetzesbüchern liest.

> Jesus war schon als Kind allwissend, er brauchte keinen Lehrer.

Sein Nicht-Eingreifen bzw. Nicht-Insistieren auf eigene Erziehungsbestrebungen dürfte sein Glück gewesen sein; denn in der Erzählung heißt es weiter, dass andere Lehrer, die Jesus nicht genehm waren, von ihm zu Krüppeln gemacht wurden.

Auch wenn solche Erzählungen kaum etwas mit dem historischen Kind Jesus zu tun haben können, sondern dazu dienten, die Göttlichkeit Jesu und vor allem seine Allwissenheit zu unterstreichen, wirken sie auf den heutigen Leser verstörend. Warum musste Jesus unbedingt als freches, uneinsichtiges, arrogantes, schwer erziehbares Kind dargestellt werden? Diese Frage lässt sich heute nicht mehr beantworten. Denkbar wäre aber, dass es ältere Überlieferungen gab, die eine solche »reale« Erinnerung tradierten und von denen man nicht zu weit abweichen wollte bzw. konnte, weil man ansonsten den Gegnern des Christentums eine willkommene Angriffsfläche geboten hätte, indem man sich den Vorwurf einhandelte, Geschichtsfälschung zu betreiben. Die Frage, ob Jesus als kleiner Junge eher ein Enfant terrible als ein Musterschüler war, bleibt folglich offen.

Es sprachen nun seine Brüder zu ihm: »Zieh von hier fort ...« (Joh 7,3)

Bruder von entnervten Geschwistern

Am Beginn des sechsten Kapitels des Markusevangeliums wird erzählt, dass Jesus seine Heimatstadt Nazareth besucht. Da sein Ruf ihm vorauseilt, sind die Bewohner des kleinen Dorfes sehr neugierig auf den Heimkehrer. Doch die Bewunderung und das Erstaunen, dass einer von ihnen es zu einem erfolgreichen Wanderprediger – im heutigen Jargon könnte man vielleicht sagen: Influencer – gebracht hat, ist von Anfang an mit Distanz und Misstrauen durchsetzt. So fragen die Bürger von Nazareth voll Unverständnis, ob Jesus nicht der Sohn des Zimmermanns und der Maria sei (Mk 6,3 in Mt 13,55 übernommen). Die Familie kennen sie und wissen, dass Jesus vier Brüder und mindestens drei Schwestern hat. Während die vier Brüder im Markusevangelium (Mk 6,3) mit ihren Namen genannt werden, kann man bei den Schwestern nur von der griechischen Grammatik her auf ihre Anzahl schließen: Im Griechischen wird die – auch im Evangelium angewendete – Pluralform erst benutzt, wenn von mindestens drei Menschen oder Gegenständen die Rede ist. Für eine Person verwendet man – natürlich – den Singular und für zwei Personen eine spezielle Dualform, die eben ein Paar oder genau zwei von irgendetwas bezeichnet.

Jakobus, Joses (im Matthäusevangelium Josef), Judas und Simon begegnen also als konkrete Personen, die Schwestern bekommen in der Bibel keine Namen, wohl aber in der späteren Tradition. In der *Geschichte Josefs des Zimmermanns*, einem apokryphen Werk aus dem fünften Jahrhundert etwa, ist von Lysia und Lydia die Rede, also nur von zwei Schwestern. Der christliche Autor Epiphanios von Salamis nennt um das Jahr 370 in einer seiner frühesten Schriften, die den Titel *Ancoratus* (Der Festgeankerte) trägt, weitere Namen: Maria, Anna und Salome. Diese drei Namen sind jüdischen Ursprungs, passen daher besser zu den traditionellen jüdischen Namen der Brüder und wirken insofern realistischer als die griechischen Namen Lysia und Lydia, die in der Hebräischen Bibel nirgends belegt sind.

Bereits in den Schriften des Eusebius von Caesarea – und hier insbesondere in seinem Hauptwerk *Historia ecclesiastica* (Geschichte der Kirche), die er im ersten Viertel des vierten Jahrhunderts auf Griechisch verfasste – wird zumindest ein »sogenannter Bruder« genauer beschrieben, nämlich Jakobus, der nach dem Tod Jesu einer der Leiter der Gemeinde in Jerusalem wurde. Eusebius spricht hier vom »sogenannten Bruder«, weil die kirchlichen Autoritäten in Maria bereits damals eine immerwährende Jungfrau sahen. Verschiedene Notizen über Geschwister Jesu, also über weitere Kinder von Maria und Josef, musste man auf diesem Hintergrund natürlich als Irritation wahrnehmen. Schon bei Hegesippus, einem christlichen Schriftsteller, der in der zweiten Hälfte des zweiten Jahrhunderts schrieb und als wichtigste Quelle von Eusebius gilt, findet sich die Überzeugung der bleibenden Jungfräulichkeit von Maria. Obwohl Jesus im Neuen Testament als »der Erstgeborene« bezeichnet wird (Lk 2,7), was ihn eigentlich als den Ers-

> Die alten Überlieferungen sind sich einig: Jesus hatte Geschwister!

ten in einer Reihe von Geschwistern identifiziert und nahelegt, dass Maria später weitere Kinder zur Welt gebracht hat, erschien bereits wenige Jahrzehnte nach der Entstehung der Evangelien eine solche Vorstellung vermutlich nicht mehr angemessen. Stattdessen setzte sich die Ansicht durch, Jesus sei ein göttliches Einzelkind gewesen, obwohl keines der Textzeugnisse in diese Richtung weist.

Also musste man die schriftlichen Quellen irgendwie so uminterpretieren, dass sie die (unwahrscheinliche) Deutung der dauerhaften Jungfräulichkeit Marias stützen konnten. Besonders hilfreich schien dabei das Protoevangelium, das man in der Tradition dem älteren Bruder Jesu, Jakobus, zuschrieb und das heute in die zweite Hälfte des zweiten Jahrhunderts datiert wird. Dieser Text schildert ebenso ausführlich wie detailreich die Ereignisse, die sich bei der Geburt Jesu zugetragen haben sollen und die in den kanonischen Evangelien fehlen. Mit besonderer Hingabe berichtet der Autor dabei von der Hebamme Salome, die nach der Geburt des göttlichen Kindes kontrollieren wollte, ob Marias Jungfräulichkeit unversehrt geblieben sei, dafür aber unverzüglich von Gott bestraft wurde, indem nämlich ihre Hand »vom Feuer verzehrt abfiel«.

Diese einigermaßen unappetitlich und schauerlich anmutende Episode belegt, dass die Geburt Jesu zu diesem Zeitpunkt bereits für so besonders gehalten wurde, dass Marias Jungfräulichkeit nicht hinterfragt werden durfte. Eine »immerwährende Jungfrau« aber würde vermutlich auch keine weiteren Kinder haben.

In dieses Bild passt auch die Weise, wie Josef in diesem Text geschildert wird. Die Darstellung scheint davon auszugehen, dass ihm die junge Maria quasi »zugeteilt« wurde, und anders als in der späteren Tradition angenommen wird, ist hier nicht von einer Hochzeit die Rede. Vielmehr entsteht der Eindruck, der in seinen Jahren schon fortgeschrittene Josef habe den Auftrag bekommen, auf das junge Mädchen aufzupassen. »Ich habe schon Söhne und ich bin alt«, betont Josef, der kurz zuvor schon als Witwer bezeichnet wurde.

Klemens von Alexandrien, Hyppolit, Origenes und andere Kirchenväter sowie kirchliche Autoritäten beriefen sich in der Folge dann auf diese Stelle, um zu argumentieren, dass es sich bei den im Neuen Testament genannten Geschwistern Jesu um Kinder gehandelt haben muss, die Josef aus seiner ersten Ehe mitgebracht habe. Später werden die Kinder dann sogar zu Vettern oder Basen, also zu Kindern einer nahen Verwandten, die ebenfalls Maria geheißen haben soll.

Wie auch immer: Tatsache bleibt, dass Geschwister in den Evangelien Erwähnung finden. Und diese Geschwister sind alles andere als begeistert darüber, einen so besonderen Bruder zu haben. Vielmehr scheint ihnen der wundersame Jesus peinlich; sie versuchen, ihn dazu zu bringen, sich wieder so zu verhalten, wie es sich ihrer Meinung nach gehört, ihn in ihre kleine, dörfliche Realität zurückzuholen. Sie schämen sich für ihn und fürchten – möglicherweise begründet –, die Konsequenzen für sein Verhalten tragen zu müssen. In erster Linie also machen die Geschwister einen – und das ist noch wohlwollend formuliert – von ihrem Bruder ziemlich entnervten Eindruck.

> Die Geschwister Jesu sind nicht begeistert, einen so berühmten Bruder zu haben.

In Mk 3,21 versuchen die nicht näher spezifizierten Angehörigen sogar, Jesus zu ergreifen und festzusetzen, denn sie halten ihn für verrückt. Das an dieser

Stelle gebrauchte griechische Verb *maínomai* bezeichnet einen Zustand der psychischen Instabilität, wurde später gerne mit »Wahnsinn« übersetzt, lässt sich aber vermutlich am besten mit dem vom ursprünglichen Verb abgeleiteten Ausdruck »Manie« umschreiben. Einem engen Verwandten einen manischen Zustand zu attestieren, war damals beileibe keine Bagatelle, sondern konnte weitreichende Folgen haben. Denn statt Psychotherapie und pharmazeutischer Unterstützung hatte man in der damaligen Zeit für Menschen mit manischen Symptomen lediglich Teufelsaustreiber anzubieten, die zu spektakulären und teilweise auch sehr grausamen Praktiken griffen, um Betroffene zu »behandeln«. Und die Brüder Jesu waren mit ihrer Wahrnehmung nicht allein: Auch andere Zeitzeugen äußerten Zweifel am Geisteszustand des Mannes aus Nazareth und brachten Jesus in die Lage, sich rechtfertigen zu müssen (Mt 12,24; Mk 3,22; Lk 11,15).

Für seine Brüder war klar: Man kann Jesus nicht mehr helfen und daher wäre es das Beste, wenn er aus ihrem Leben verschwindet. Am Beginn des siebten Kapitels des Johannesevangeliums fordern sie ihn daher auf, nach Judäa zurückzukehren und sein Heimatdorf Nazareth im nördlichen Galiläa zu verlassen. Diese Stelle wird in der Regel wohlwollend als Aufforderung gedeutet, sich der Welt zu offenbaren, kann aber auch, wenn man genau hinsieht, etwas ganz anderes bedeuten. Die Brüder Jesu haben nämlich – anders als es die Tradition gerne behauptet – gerade kein Vertrauen in ihn, geschweige denn einen Glauben an ihn (Joh 7,5). Die Aufforderung, nach Judäa zu gehen, ist vielmehr als Versuch zu werten, Jesus loszuwerden. Dass dies ein endgültiger Abschied werden könnte, war den Brüdern dabei möglicherweise sehr wohl bewusst, denn kurz zuvor hatte man genau dort, wohin sie den ungeliebten Bruder verschicken wollten, versucht, Jesus zu töten (Joh 7,1-3).

Die ganze Szene zeigt also keine gut gemeinte Aufforderung oder Einladung, Jesus möge nun endlich zeigen, wer er ist, sondern spiegelt vielmehr eine kritische, distanzierte, ja ironische Haltung, die die Geschwister Jesus gegenüber haben. Ihn der Todesgefahr auszusetzen, scheint für sie kein Problem darzustellen und kann ganz sicher nicht als Zeichen großer Verbundenheit und Fürsorge gewertet werden. Jesus ist ihnen schlicht und ergreifend peinlich; sie wollen, dass im Dorf wieder Ruhe einkehrt, der unangenehm extrovertierte Bruder soll, wenn er keine Ruhe geben will, ganz einfach verschwinden. Ein Ort, von dem er möglicherweise nicht mehr zurückkehren wird, kommt ihnen da gerade gelegen.

Dass die Beziehung zu seiner Familie sehr angespannt war, belegt dann auch die Reaktion Jesu. Er versucht gar nicht, die Ablehnung und die verhärtete Haltung der Geschwister mit Zuwendung und einem Werben um Verständnis zu beantworten, sondern reagiert kalt und distanziert. Im Markusevangelium kommt es, kurz nachdem Jesus erfahren hat, dass seine Familie ihn für verrückt hält, zu einem Gespräch mit Maria und den Geschwistern, die ihn noch einmal treffen wollen. »Wer den Willen Gottes tut«, soll Jesus bei der Gelegenheit gesagt haben, »der ist mein Bruder und meine Schwester und meine Mutter« (Mk 3,35). Das sind Worte, die nicht gerade von Warmherzigkeit und Zuneigung zeugen, sondern eher von Verletzung und Bitterkeit.

> Das Verhältnis zu seiner Familie war gespannt, darin sind sich alle Evangelien einig.

Jesus ist gekränkt, fühlt sich von seinen Geschwistern missverstanden und ungeliebt, will weder mit ihnen noch mit seiner Mutter mehr etwas zu tun haben. Diese Ablehnung gegenüber den Brüdern bleibt übrigens bis zu seinem Tod am Kreuz bestehen. Auch dort finden sich keine Hinweise für eine Annäherung oder gar Vergebung. Im Johannesevangelium wird Jesus die Mutter in der Todesstunde nicht einem seiner Brüder anvertrauen, sondern dem »Jünger, den er liebte«, ganz so, als habe Maria keine anderen Söhne, die sich um sie kümmern könnten (Joh 19,25-27). Dieses Vermächtnis mutet umso eigenartiger an, als die Autoren des Johannesevangeliums gewusst haben müssen, dass Jesus zumindest einen Bruder hatte, der sehr gut für Maria hätte sorgen können. Denn Jakobus war nach dem Tod Jesu zusammen mit Johannes einer der Leiter der Gemeinde von Jerusalem.

»Was habe ich mit dir zu schaffen ... Frau?« (Joh 2,4)

Ein unhöflicher, liebloser Sohn

Über die Beziehung zwischen Jesus und seinem irdischen Vater schweigen sich die neutestamentlichen Schriften aus. Einige Erzählungen aus den apokryphen Evangelien gehen aber davon aus, dass dieses Verhältnis nicht spannungsfrei war. Sie berichten, dass Josef mit der Erziehung seines göttlichen Ziehsohnes reichlich überfordert war. Immerhin lernt Jesus von ihm ein Handwerk: Beide Männer werden als *tékton* bezeichnet (Mk 6,3 und Mt 13,55), was soviel wie »Bauhandwerker« bedeutet und damals vom Berufsbild her eine Mischung aus Zimmermann, Tischler, Schmied und Steinmetz gewesen sein dürfte. Doch trotz der engen beruflichen Zusammenarbeit, quasi im kleinen Familienbetrieb, finden es die kanonischen Evangelien nicht einmal der Mühe wert, ein einziges Gespräch zwischen Vater und Sohn wiederzugeben.

Nicht viel anders verhält es sich mit der Mutter Jesu, Maria. Auch wenn die kirchliche Tradition sie zur Ikone der ganz und gar in der Mutterschaft aufgehenden, demütig hingebungsvollen Frau stilisiert hat, sind die biblischen Texte auffällig zurückhaltend, wenn es darum geht zu beschreiben, wie – mehr oder weniger – liebevoll und harmonisch die Beziehung zwischen Jesus und seiner Mutter war. Außer in der Geburtsgeschichte, in der Maria und Josef als zwei durchaus fürsorgliche und bemühte Eltern eingeführt werden, schweigen die

Evangelien weitgehend. Jesus selbst spricht im Unterschied dazu viel und mit allen möglichen Leuten. Er redet mit seinen Jüngern, mit einfachen Menschen aus dem Volk Israel, mit den Römern, obwohl sie eigentlich Feinde sind, ja er führt immer wieder sogar mit Dämonen Gespräche. Mit seinen Familienangehörigen dagegen redet er so gut wie nie. Und wenn er es doch tut, dann treten Spannungen deutlich zutage.

Das erste Mal berichtet das Neue Testament von einem Dialog zwischen Jesus und seinen Eltern, als sich die Familie in einer Krisensituation befindet. Auf der schon erwähnten gemeinsamen Reise nach Jerusalem trennt sich der zwölfjährige Jesus von seinen Eltern, ohne sie zu informieren, geschweige denn, um Erlaubnis zu bitten. Statt mit ihnen nach Nazareth zurückzukehren, bleibt er in Jerusalem, um mit den religiösen Lehrern über die Torah zu diskutieren. Josef und Maria suchen drei Tage lang nach ihrem Sohn. Sie sind in großer Sorge, wie im Lukasevangelium, dem einzigen biblischen Text, der von dieser Episode berichtet, zu lesen ist (Lk 2,41-52). Als die Familie endlich wieder vereint ist, wird der halbwüchsige Jesus nicht etwa ausgeschimpft oder mit Vorwürfen konfrontiert, wie man es erwarten könnte. Maria fragt lediglich, warum er das getan habe. Eine Frage, die zu stellen eine Mutter, nachdem sie drei Tage lang durch eine emotionale Hölle gegangen ist, wohl das Recht haben wird, sollte man meinen. Noch dazu, wo keine Anschuldigung in ihren Worten liegt, sondern sie sich dem Jungen sogar öffnet, indem sie ihm erzählt, dass ihr die Suche nach ihm nicht nur Angst und Sorge, sondern – so zumindest der griechische Text – auch körperliche Schmerzen bereitet hat.

Das griechische Verb im Urtext heißt *odunáo*. Es ist
ein sehr merkwürdiges Wort, das im gesamten Neuen

Testament nur viermal vorkommt, dreimal davon im Lukasevangelium, genauer: einmal hier und zweimal im Gleichnis vom reichen Mann und dem armen Lazarus (Lk 16,19-31). Dort beschreibt es die Höllenqualen, die der reiche Mann erleiden muss. Gemeint ist mit dem Verb also nicht nur, dass jemand in Sorge ist, sondern, dass jemand Höllenqualen aushalten muss. Die junge Mutter hat in der Sorge um ihren Sohn eben diese erlitten. Wie viele Stunden wird sie in der Zeit der fieberhaften Suche geschlafen haben? Mit wie vielen Menschen wird sie gesprochen haben? Welches Wechselbad der Gefühle hat sie durchlebt: Hoffnung, wenn es einen Hinweis gab, und die bittere Enttäuschung, wenn dieser im Nichts verlaufen war?

Als Maria Jesus endlich wiederfindet, befindet sie sich emotional in einer Ausnahmesituation (Lk 2,48). Sie stellt ihrem Sohn eine in gewisser Weise rhetorische Frage, die in erster Linie wohl ihre eigene Verfassung zum Ausdruck bringt und an den Gründen für sein Handeln gar nicht so sehr interessiert ist. Jesus scheint das nicht wahrzunehmen. Die Antwort des himmlischen Sorgenkindes ist frech, abweisend, unhöflich und – angesichts der Umstände – völlig unangebracht. Er zeigt keinerlei Einfühlungsvermögen, Respekt oder gar Reue gegenüber den besorgten Eltern: »Aus welchem Grund habt ihr mich gesucht? Wusstet ihr nicht, dass ich in dem sein muss, was meines Vaters ist?« (Lk 2,49). Die Eltern können die wenig einfühlsame Reaktion ihres Sohnes nicht einordnen. »Sie verstanden nicht, was er zu ihnen sagte«, heißt es in Lk 2,50. Eine Erfahrung, die Eltern pubertierender Söhne auch heute

> Jesus spricht kaum mit seiner Mutter, und wenn, dann meist respektlos.

nicht unbekannt sein dürfte. Und mehr noch: Maria ist so verletzt, dass sie diesen Moment noch lange nicht vergessen wird. »Sie bewahrte alles in ihrem Herzen«, kommentiert das Lukasevangelium am Ende der Szene.

Das gespannte Verhältnis zwischen dem nun erwachsenen Jesus und seiner Mutter kommt auch in einer anderen Begebenheit zum Ausdruck, die nur im Johannesevangelium erzählt wird (Joh 2,1-12). Jesus und seine Jünger sind zu einer Hochzeit in dem kleinen Dorf Kana eingeladen. Auch Maria ist dort. Interessant ist: Die getrennte Nennung zeigt bereits eine gewisse Distanz zwischen den beiden. Eingeladen sind nämlich nicht Jesus und seine Mutter, wie eigentlich zu erwarten wäre, sondern Jesus und seine Jünger. Darüber hinaus scheint die Erzählung vorauszusetzen, dass Maria darum wusste, dass Jesus Wunder bewirken konnte.

Die apokryphen Kindheitsevangelien sind voll von solcherlei Schilderungen. Jesus soll als Kind nicht nur große und bedeutsame Wunder vollbracht haben – wie Totenerweckungen, Dämonenaustreibungen, Heilungen von Gelähmten, Aussätzigen etc. –, sondern auch kleine, banale Wunder, Taschenspielertricks gewissermaßen. So soll er einmal durch Magie Holzbretter in die Länge gezogen haben, weil sie zu kurz geschnitten waren, aus Lehm gebastelte Vögel habe er zum Leben erweckt, ein einzelnes Weizenkorn gesät und daraus eine Tenne voll Getreide werden lassen, Wasser in seinem Gewand getragen usw. Die Texte suggerieren, dass Jesus Freude an diesen wunderlichen Spielereien gehabt hat, die ihm so leicht von der Hand gingen. Wahrscheinlich waren den Autoren des Johannesevangeliums solche Geschichten auch schon bekannt und seine

Mutter wusste das natürlich.

Als nun bei der Hochzeit der Wein zu Ende geht, scheint es für sie nichts Selbstverständlicheres zu geben, als die Superkräfte ihres Sprösslings ins Spiel zu bringen. Die Übung, Wasser in Wein zu verwandeln, muss Jesus schon öfter durchgeführt haben, sehr wahrscheinlich auch zu Hause. Das legt der Umstand nahe, dass Maria sich erst gar nicht die Mühe macht, eine explizite Frage oder Bitte zu formulieren, sondern sich mit einer Andeutung begnügt. Sie wendet sich ihrem Sohn zu und stellt lapidar fest: »Sie haben keinen Wein mehr.« Dass mit diesem Hinweis die Aufforderung »Nun mach' mal!« verbunden war, scheint Jesus sofort zu verstehen. Und es ärgert ihn mächtig!

Das eigentliche Problem besteht aber auf der Beziehungsebene bzw. entsteht durch die Antwort des Sohnes, die ihn – einmal mehr – als reichlich unhöflich und lieblos erscheinen lässt. Wollte Maria sich mit der Wunderkraft ihres Sohnes brüsten? Fühlt sich Jesus von ihr in die Enge getrieben? Immerhin hatte niemand Maria gebeten, das Weinproblem zu lösen. Sie ergreift von sich aus die Initiative und will, dass Jesus ein Wunder vorführt. Der reagiert zornig und verletzend, auch wenn Exegeten und Kirchenmänner sich jahrhundertelang bemüht haben, genau das Gegenteil zu beweisen. »Was (ist) mir und dir, Weib? Meine Stunde ist noch nicht gekommen«, stellt Jesus scharf fest (Joh 2,4). In der distanzierten Anrede »Weib« wollte man in der kirchlichen Tradition keine Respektlosigkeit erkennen, sondern einen Ehrentitel oder gar eine Anspielung auf die erste Frau der Bibel – Eva –, die von der Gestalt Marias, der Gottesmutter, überboten und abgelöst werde.

Jesus spricht seine Mutter immer mit der distanzierten Anrede »Weib« an.

Die gezwungen positive Interpretation dieses Textes war natürlich stark von der sich in den ersten Jahrhunderten des Christentums rasch entwickelnden Marienverehrung beeinflusst. Doch bereits eine oberflächliche literarische Analyse zeigt, dass sie nicht haltbar ist. Der Semitismus »Was (ist) mir und dir?« – der griechische Text ist grammatikalisch nämlich nicht ganz korrekt, weshalb eine direkte Übersetzung aus einem möglicherweise ursprünglichen aramäischen O-Ton Jesu, aus einer semitischen Sprache also, anzunehmen ist – hat im ganzen Neuen Testament nur eine einzige Parallele, und zwar jene Stelle, wo Jesus sich mit einem von vielen Dämonen besessenen Mann unterhält. »Was (ist) uns und dir?«, brüllt ihn dieser an, als Jesus die Synagoge des Dorfes Kafarnaum am See Genezareth betritt (Mk 1,24 und parallel dazu Lk 4,34). Wie der Dämon zu Jesus spricht, so redet dieser hier mit seiner Mutter. Dass er auf diese Weise seine große Liebe zu Maria zum Ausdruck bringen wollte, erschließt sich, so gut, dass es den kirchlichen Autoritäten auch gefallen hätte, aus dem Text nicht.

Das »Weib« ist Jesus weder die Anrede »Mutter«, die er auch sonst im ganzen Neuen Testament nicht gebraucht, noch ein Sie-beim-Namen-Nennen wert. War das ein Ton, den Maria vom Gottessohn schon kannte? Sie reagiert auf die barsche Antwort ihres Kindes jedenfalls nicht besonders beeindruckt oder gar gekränkt. Sie dreht sich um, ignoriert sein indirektes Nein und erzwingt damit quasi das Wunder. Denn dass Maria keinen Zweifel am Erfolg ihrer Intervention hatte, kommt unter anderem dadurch zum Ausdruck, wie unmissverständlich sie mit den Dienern spricht: »Egal, was dieser da sagt, ihr macht es.« (Joh 2,5) Aus dem Ausdruck »egal was« kann man ableiten, dass Maria eine irgendwie merkwürdige Handlung ihres Sohnes erwartet. Die Wendung »dieser da« – im Griechischen mit der Partikel *tí* ausgedrückt – zeigt die gleiche Distanz zum Sohn und vielleicht auch die gleiche geringschätzige Haltung der Mutter, wie sie der Sohn kurz zuvor durch die Anrede »Weib« der Mutter gegenüber zum Ausdruck gebracht hatte.

Dass Jesus schlussendlich brav sein Wunder vollbringt und wie ein guter Zauberer Wasser in Wein verwandelt, löst die Spannung zwischen den beiden nicht auf. Er und Maria werden im gesamten Johannesevangelium nicht mehr miteinander sprechen und sich nur noch ein letztes Mal begegnen, und zwar bei der Kreuzigung.

Historisch gesehen ist es allerdings höchst unwahrscheinlich, dass es diese letzte Begegnung tatsächlich gegeben und sich die Szene auf Golgota so zugetragen hat. Denn die Römer waren nicht zimperlich, wenn es darum ging, Verbündete und Verwandte von zum Tode Verurteilten ebenfalls hinzurichten. Es gibt Quellen, die belegen, dass neben den gekreuzigten Ehemännern oder Vätern regelmäßig auch trauernde Frauen oder Kinder gekreuzigt wurden, wenn man ihrer nur hatte habhaft werden können. Die Trauerszene unter dem Kreuz, wie sie die Bibel darstellt, ist deshalb extrem unrealistisch. Sieht man aber von dieser Problematik ab und betrachtet lediglich die literarische Textkomposition, stellt man rasch fest, dass sich die unterkühlte Stimmung zwischen Jesus und seiner Mutter nicht wirklich verbessert hat. Nach wie vor ist Maria auch dem sterbenden Jesus nur die

> Das Gespräch zwischen dem gekreuzigten Jesus und Maria ist nicht historisch.

Anrede »Weib« wert. Zwar vertraut er sie einem seiner Jünger an, was zumindest ein gewisses Maß an Zuneigung und Fürsorge impliziert, die liebevolle Anrede »Mutter« bleibt Maria aber bis zum Schluss versagt.

Aus der Perspektive der Leser entsteht dadurch eine Kontinuität zu jenen Stellen in den synoptischen Evangelien, an denen sich Jesus von allen irdischen Verwandtschaftsbeziehungen lossagt (Mk 3,33-35; Lk 8,19-21; Mt 12,46-50). Nicht seine leibliche Mutter oder seine leiblichen Geschwister sind ihm wichtig, sondern die Menschen, die den Willen Gottes tun, sind die Menschen, denen er sich nahe und verwandt fühlt. Die Lieblosigkeit gegenüber Maria erfüllt in den biblischen Texten also durchaus eine theologische Funktion. Sollte sie dem Gottessohn aber nicht nur – mit eben dieser theologischen Deutungsabsicht – im Nachhinein »angedichtet« worden sein, sondern tatsächlich eine Eigenschaft des historischen Jesus gewesen sein, dürfte es für die konkrete Mutter sicher nicht einfach gewesen sein, einen derart respektlosen und gefühlskalten Erstgeborenen ihren Sohn nennen zu dürfen oder vielmehr zu müssen.

Teil C

Der messianische Wanderprediger

Der biblischen Überlieferung zufolge beginnt Jesus nach etwa dreißig Jahren dörflichen Lebens, öffentlich als Rabbi aufzutreten. Vom ersten Moment an spart er weder mit Kritik an System und Gesellschaft noch mit wunderbaren Zeichenhandlungen, welche die Massen begeistern. Die Tradition stellt den charismatischen Wanderprediger als fromm, freundlich, ruhig und meistens gelassen dar. Ein Bild, dass sich durch manche Hollywood-Produktion des 20. Jahrhunderts in der modernen Gesellschaft noch einmal stärker eingeprägt hat.

Schaut man aber einmal genauer in die Texte, erscheint dort oft auch ein unruhiger und unsteter, angespannter, frustrierter und müder Jesus. Das mag damit zusammenhängen, dass die Menschen, die er sich als Helfer und Begleiter ausgesucht hatte, nicht immer eine Unterstützung, sondern manchmal eher eine Last waren. Oft verstehen sie ihn nicht einmal richtig. Außerdem macht sich Jesus rasch Feinde. Denn seine Verkündigung ist schon für damalige Zeiten nicht politisch korrekt. Auch Fairness gegenüber Menschen, die nicht seine Meinung vertreten, ist nicht ganz seine Sache. Gerne benutzt er sie als Negativschablone. Jesus sucht auch die Nähe von Frauen, was zu seiner Zeit ungewöhnlich war, er nutzt sie aber zum Teil aus. Obwohl er Friedfertigkeit predigt, wirken manche seiner Aussagen frauen- oder fremdenfeindlich. Und schließlich: Obwohl er seine Mitmenschen durch Wunder schlicht und einfach glücklich hätte machen können, geizt er oft mit seinen Superkräften und predigt lieber von einer düsteren Endzeit als von der Barmherzigkeit Gottes. Ein durchaus widersprüchliches Bild also.

»Selig, wer an mir nicht Anstoß nimmt!« (Mt 11,6)

Einer, der die Konfrontation sucht

Der sechste Band des Gesetzbuchs der römisch-katholischen Kirche, des *Codex Iuris Canonici*, regelt die Behandlung von Straftaten, die sich auf die Kirche beziehen. Am 8. Dezember 2021 trat eine Überarbeitung der hier getroffenen Regelungen in Kraft, die – vor allem auf dem Hintergrund verschiedener Missbrauchsskandale – in vielen Punkten Strafverschärfungen vorsieht. Bei anderen Straftatbeständen bleiben die Vorschriften dagegen überraschend vage. In vielen Fällen bleiben Taten unbestraft, sofern kein »öffentliches Ärgernis« erregt wird. Solange an einem Tatbestand nicht die breite Öffentlichkeit, sondern nur einzelne Personen Anstoß nehmen, ist alles in Ordnung. Diese Toleranz gegenüber dem Erregen von Ärgernissen ist insofern interessant, als Jesus, auf den sich die Kirche beruft, sich an prominenter Stelle im Matthäusevangelium selbst als jemanden bezeichnet, der Ärgernis erregt, indem er diejenigen seligpreist, die keinen Anstoß an ihm nehmen (Mt 11,5-6).

Dieser Spruch wird fast wörtlich in Lk 7,22-23 wiederholt, kommt aber im Markusevangelium nicht vor. Die moderne Exegese sieht darin einen deutlichen Hinweis darauf, dass diese Äußerung Jesu ursprünglich Teil der sogenannten »Logienquelle Q« war. Hierbei handelt sich um eine der wahrscheinlich ältesten Sammlungen von Worten und Aussprüchen Jesu. Eine schriftliche Überlieferung dieser Sammlung gibt es heute nicht mehr, aber sie konnte wissenschaftlich rekonstruiert werden. Es handelt sich bei dem Ausspruch zum Anstoß-Nehmen also mit hoher Wahrscheinlichkeit um einen der wenigen Sätze, bei denen man davon ausgehen darf, dass der historische Jesus sie tatsächlich so oder in ähnlicher Form gesagt hat.

Der Kontext, in dem Jesus diesen Satz sagt, ist bei Matthäus und Lukas sehr ähnlich. In beiden Fällen antwortet er auf eine Frage, die ausgerechnet von einer Person gestellt wird, die ihrerseits sehr viel öffentliches Ärgernis erregt hat: Johannes der Täufer, Sohn von Marias Lieblingscousine Elisabeth und Großcousin von Jesus.

Die Art und Weise, wie Johannes in den Evangelien dargestellt wird, rückt ihn eindeutig in die Kategorie der System- und Gesellschaftskritiker, der Provokateure, derjenigen also, die gerne pointiert Positionen vertreten, um andere vor den Kopf zu stoßen, um zu irritieren, also um ein klares öffentliches Ärgernis zu erregen. Die einzige nichtbiblische Quelle, die Johannes den Täufer erwähnt, eine Schrift des römisch-jüdischen Historikers Flavius Josephus (Jüdische Altertümer 18 5,2 §116-119), bestätigt dieses Bild. Weil »eine riesige Menschenmenge zu ihm« strömte, wird Johannes zur Gefahr für die Eliten des jüdischen Volkes, denen er Gottlosigkeit vorwirft. König Herodes Antipas – die Evangelien nennen irrtümlich Herodes Philippus – lässt ihn daraufhin hinrichten.

Dieser offensichtlich selbst äußerst erfolgreiche Johannes interessierte sich für seinen noch einigermaßen unbekannten Verwandten Jesus, der gerade erst seine öffentliche Tätigkeit aufgenommen hatte. Er schickte daher einige seiner Jünger zu ihm, um ihm eine Frage zu stellen. Wann genau dies geschah, ist unklar. Im Matthäusevangelium (Mt 11,2-19) befindet sich Johannes, nachdem er den damaligen Kleinkönig von Galiläa öffentlich beschimpft hatte, bereits im Gefängnis. Im Lukasevangelium dagegen ist Johannes noch auf freiem Fuß und weiterhin aktiv tätig (Lk 7,18-35). Die Frage aber ist in beiden Erzählungen dieselbe. Sie ist klar und scharf formuliert und verlangt von Jesus eine Art Selbstoffenbarung oder, mit modernen Worten gesprochen, ein Outing: Wer bist du?

Wenn in den Evangelien derartige Fragen auftauchen, folgt in der Regel ein Bekenntnis, aus dem hervorgeht, dass Jesus der Messias ist. So etwa bei der Antwort des Petrus: »Du bist der Christus, der Sohn des lebendigen Gottes« (Mt 16,16 und ähnlich in Mk 8,29; Lk 9,20). Auf die Frage des Johannes aber antwortet Jesus in eigenartig anderer Weise. Er beruft sich zunächst auf die von ihm gewirkten Wunder: Blinde sehen, Lahme gehen, Aussätzige werden geheilt, Taube hören, Tote stehen auf. Im Anschluss daran formuliert er – recht überraschend – eine Seligpreisung: »Selig ist, wer an mir nicht Anstoß nimmt.« (Lk 7,23 und Mt 11,6)

Aber woran können die Menschen denn Anstoß genommen haben? 2.000 Jahre Christentum haben unser aller Wahrnehmung so geprägt, dass wir uns gar nicht mehr vorstellen können, dass bzw. inwiefern die von Jesus aufgezählten Taten ein Problem dargestellt haben könnten. Doch genau das war der Fall. Blinde, Lahme, Taube, Aussätzige waren in der damaligen Gesellschaft nicht unbedingt Menschen, denen man Barmherzigkeit und Fürsorge angedeihen ließ. In den Augen vieler waren Kranke Menschen, die für ihre Sünden gestraft wurden. Es war also vollkommen richtig, dass sie litten, und ob ihnen geholfen wurde oder nicht, war nicht von Bedeutung. Wenn einer helfen konnte, dann nur Gott, indem er die Sünde vergab und Heilung schenkte.

Der kommende Messias wurde darum auch nicht als heilender Wundertäter, sondern als ein politischer und religiöser Führer erwartet. Die Antwort, die Jesus den Jüngern des Johannes gibt, hört sich für uns heute darum ganz anders an als für die Menschen damals: Diese ärgerten sich, sie »nahmen Anstoß«. Bedenkt man, dass Lukas sein Evangelium etwa im Jahr 80 schreibt und dass in dieser Zeit die Trennung der Jesusnachfolger vom Judentum schon in vollem Gange ist, wird noch klarer, worum es geht. Der Messias, das behaupten die Juden, die Jesus nachfolgen, ist nicht der Befreier von der römischen Fremdherrschaft, sondern einer mit einer frohen Botschaft an die Armen und Benachteiligten.

Der »echte« Jesus entsprach nicht dem traditionellen Bild des Messias.

So scheint seine Seligpreisung ein Widerspruch in sich. Nimmt man sie nämlich ernst, kann keiner selig werden, denn die Rolle, die Jesus für sich beansprucht, bedeutet in erster Linie offene Fragen, Enttäuschung, Ärgernis, ja, sein Selbstverständnis musste auf die Zuhörer vielleicht sogar skandalös gewirkt haben.

Noch ein anderes Beispiel macht deutlich, wie sehr Jesus als jemand wahrgenommen wurde, der gegen jede Erwartung handelte. Das Neue Testament erzählt davon, dass er ein Wunder wirkt, das eigentlich niemand will: die Auferweckung des Lazarus. Die Episode ist nur im Johannesevangelium überliefert (Joh 11,38-44) und wirkt in mehrfacher Hinsicht verstörend.

Zum einen nämlich handelt es sich eindeutig um eine Totenerweckung und nicht um eine außergewöhnliche Krankenheilung, die als psychosomatisches Phänomen oder durch eine Art Täuschung erklärt werden könnte. Denn Lazarus ist nicht nur tot, er liegt bereits seit vier Tagen im Grab. Jesus kann ihn weder sehen noch berühren. Die Anwesenden reagieren deshalb auch erschrocken, ja sogar angewidert, als Jesus befiehlt, das Grab zu öffnen. Allen ist klar: Nach vier Tagen hat die Verwesung des Leichnams bereits eingesetzt und der Gestank wird ekelhaft sein. Selbst die Schwester des Toten, die Jesus treu ergebene Marta, warnt ihn eindringlich: »Herr, er riecht aber schon, denn es ist bereits der vierte Tag.« (Joh 11,39) Doch Jesus lässt sich nicht abhalten, er ruft Lazarus und der tritt unverzüglich aus seinem Grab hervor.

> Jesus vollbringt immer wieder Wunder, die aber niemand haben will.

Die Gespräche, die im Laufe der Szene zwischen Jesus und den beiden Schwestern des Toten stattfinden, aber auch die Kommentare der neugierigen Zuschauer machen deutlich, dass die Frage danach, wie eine solche Auferweckung hat möglich sein können, nicht das Hauptinteresse der Verfasser des Johannesevangeliums war. Es geht vielmehr um die Rolle Jesu, um seine Sendung und ganz allgemein um den Glauben. Die Autoren des Johannesevangeliums versuchen nicht, die Dinge zu beschönigen: Der Leichnam des Lazarus liegt im Grab und er stinkt bereits. Die Auferweckung des Lazarus ist also von Anfang an eine Zumutung für gläubige, fromme Juden und bleibt es – streng genommen – bis heute auch für nicht-jüdische Leser.

Ausdrücke aus dem Wortfeld des Stinkens sind nämlich in der Bibel durchgehend negativ konnotiert.

Überhaupt ist von Gestank nur sehr selten die Rede, und wenn, dann sind die Stinkenden entweder Böses im Schilde führende Frevler aus feindlichen Völkern (Jes 34,3; Joel 2,20) oder gottlose Menschen, wie der am Bauch verwundete König Antiochos Epiphanes, jener »lästerliche« König, der den Jerusalemer Tempel entweiht hatte (2 Mak 9,10). Nirgendwo in der Bibel hat Verwesungsgeruch etwas Positives. Das ist umso weniger verwunderlich, als Hygiene zur Zeit Jesu ein Problem darstellte. Wasser war nämlich Mangelware und daher zeichnete sich die jüdische Religion um die Zeitenwende auch zunehmend dadurch aus, dass ihre rituellen Gebote der inneren und äußeren Reinheit immer schärfer, präziser und unausweichlicher wurden. Leichen galten als im höchsten Maß unrein. Friedhöfe wurden daher gemieden, einzelne Gräber mussten mit Steinen gegengezeichnet werden, damit niemand sie aus Versehen betrat und sich – unwissentlich – kultisch unrein machen konnte.

Es gab also kaum etwas Anstößigeres, Widerwärtigeres, Skandalöseres als eine vier Tage alte Leiche, die bereits nach Verwesung stank, in den Mittelpunkt einer Wunderhandlung zu stellen. Was im Johannesevangelium wiedergegeben wird, ist weder für einen jüdischen Rabbi, als der sich Jesus selbst gerne präsentierte, noch für den Messias, wie viele seiner Zeitgenossen ihn erwarteten, irgendwie passend oder zu erwarten. Doch der Jesus des Johannesevangeliums weigert sich, das anzuerkennen. Mehr noch: Er scheint sich gegenüber den Einwänden der Anwesenden regelrecht taub zu stellen und die Situation sogar zu genießen. In gewisser Weise könnte man sogar

> Eine vier Tage alte Leiche, die bereits stank, auferstehen zu lassen, war anstößig!

sagen, dass er genau diese Situation provoziert bzw. herbeigeführt hat. Denn nachdem er von der Krankheit des Lazarus erfährt, wartet er tatenlos zwei Tage lang zu, bevor er sich auf den Weg zum Haus des dann schon bestatteten Freundes macht. Aber warum sollte Jesus bewusst einen Skandal provozieren? Vielleicht um die Bedeutung seiner Seligpreisung zu unterstreichen: »Selig, wer sich an mir nicht skandalisiert.« (Mt 11,6) Vielleicht, damit sich in der Empörung herauskristallisiert, wer wirklich hinter ihm steht und wer nicht. Vielleicht, damit sichtbar wird, wie der Gedanke der Erlösung durch den Messias auch ganz anders gedacht werden kann, als das bis dahin der Fall war?

»Denkt ihr, ich sei gekommen, Frieden zu bringen? Nein, sondern vielmehr Zwiespalt!« (Lk 12,51)

Der kämpferische Pazifist

Die Worte Jesu sind oft metaphorisch gemeint. Er redet in Gleichnissen und verwendet eine bildhafte Sprache. Auf diese Weise fühlen sich seine Zuhörer sehr stark angesprochen, identifizieren sich mit den kleinen Geschichten, die Jesus in seiner Predigt beiläufig einbaut. Es ist aber gar nicht so einfach, die Bedeutung dieser Bilder und Gleichnisse zu deuten. Denn natürlich ist eine metaphorische Sprache in einem höheren Maß bedeutungsoffen als klare sachliche Argumente. Daher ist es in der Exegese üblich, die einzelnen Aussagen Jesu immer mit Blick auf den Gesamtzusammenhang seiner Lehre zu verstehen, konkret: im Kontext seiner Botschaft von Liebe, Frieden, Vergebungsbereitschaft und dem unmittelbar bevorstehenden Anbruch des Reichs Gottes.

Nun gibt es aber auch biblische Textpassagen, die beim besten Willen nicht in dieses Schema gepresst werden können: Jesus, der Jahrhunderte später gewissermaßen zum Ahnherrn des modernen Pazifismus werden sollte, lässt Gewalt nicht nur zu, er übt selbst Gewalt aus, und zwar gegenüber Menschen, Tieren und Pflanzen. Diese problematischen Stellen wurden von der Mehrheit der christlichen Ausleger sehr schnell als sekundär eingestuft, das heißt als spätere redaktionelle

Hinzufügungen. Oder sie wurden gar als Fälschungen abgetan oder so haargenau und differenziert uminterpretiert, dass sie das etablierte Bild eines in der Bergpredigt zu Frieden und Versöhnung aufrufenden Jesus nicht weiter stören konnten. Nimmt man diese Episoden aber ernst, deutet einiges darauf hin, dass Jesus gerade in der Frage der Anwendung von Gewalt nicht so eindeutig ablehnend war, wie man es sich im Nachhinein wünschen würde. Besonders verwunderlich ist das nicht. Denn er war natürlich kein Gelehrter, der an seinem Schreibtisch ein möglichst widerspruchsfreies Konzept einer bestimmten Lehre entworfen hatte und diese dann unters Volk bringen wollte. Jesus war Prediger aus Leidenschaft und Berufung. Er konnte Menschen begeistern, er predigte jedoch eben auch unsystematisch und spontan und verstrickte sich dabei natürlich auch in Widersprüche.

> Die Botschaft Jesu ist leidenschaftlich, dabei aber nicht widerspruchsfrei.

Aber wie wichtig waren die pazifistischen Positionen à la Auch-die-andere-Wange-Hinhalten für Jesus überhaupt? Und: Wie viel haben diese hier und da formulierten Ideen mit den komplexen normativen Theorien der christlichen Moralphilosophie zu tun, die später auf ihrer Basis entwickelt werden sollten?

Um ein besseres Verständnis für diese Fragen zu bekommen, ist es hilfreich, den Stellenwert bzw. die Glaubwürdigkeit jener Stellen näher anzusehen, in denen Jesus einen eher kämpferischen Eindruck vermittelt. Einmal mehr gilt die Regel: Was stört, ist vermutlich einigermaßen authentisch. Denn warum hätte man zu einem Zeitpunkt, als der historische Jesus bereits als Messias und Gottessohn stilisiert und damit idealisiert wurde, Episoden »erfinden« sollen, die am Glorienschein des gerade geschaffenen Helden kratzen.

Eine Stelle gegen Ende des Lukasevangeliums ist in diesem Zusammenhang besonders aufschlussreich (Lk 22,36). Es handelt sich um eine Geschichte, die nur im sogenannten Sondergut des Evangeliums vorkommt, das heißt, die anderen drei Evangelien kennen sie nicht. Das macht sie aber gerade glaubwürdig, denn es wäre für die späteren Bearbeiter des Lukasevangeliums, die das Markus- und Matthäusevangelium gekannt haben, ein Leichtes gewesen, die Passage zu streichen. Nachdem sie das nicht getan haben, muss die Passage entweder eine zentrale Bedeutung gehabt haben oder als historisch zutreffend wahrgenommen worden sein, so dass man sie nicht einfach weglassen konnte.

Aber sehen wir uns den Text selbst an: Das letzte Abendmahl neigt sich dem Ende zu. Jesus spricht mit den Anwesenden, bei denen es sich sehr wahrscheinlich um Männer und (!) Frauen aus seinem engeren Umfeld gehandelt hat. Spannung liegt in der Luft. Den Jüngern ist klar, dass sich ihr Lehrer mächtige Feinde gemacht hat. In dieser Situation fordert Jesus seine Anhänger auf, sie mögen etwas Wertvolles verkaufen, um mit dem Geld ein Schwert zu erwerben. Als die Jünger rasch zwei Schwerter herbeischaffen, meint Jesus, die beiden Waffen würden für den Augenblick genügen. Gleich darauf gehen sie hinaus an den Ölberg. Ab diesem Zeitpunkt bieten alle vier Evangelien eine ähnliche Erzählung an. Dort angekommen betet Jesus; er hat aber auch Angst. Er fürchtet, verhaftet zu werden. Seine Vorahnung bewahrheitet sich ziemlich schnell. Eine Gruppe Menschen kommt, darunter Bewaffnete, man will ihn festnehmen. Einige der Jünger fragen – eher verzweifelt –, ob sie angreifen sollen. Sie haben zwar zwei Schwerter, aber gegen die Anzahl und Waffen der Gegner sind sie natürlich nicht stark genug. Einer von ihnen – nach dem Johannesevangelium ist es Petrus – wartet die Antwort Jesu erst gar nicht ab, sondern zieht sein Schwert und haut dem Diener des Hohepriesters ein Ohr ab (Joh 18,10-11). Im Lukasevangelium erkennt Jesus sofort die Ausweglosigkeit der Situation, unterbindet die Initiative seiner Jünger, heilt den Knecht und lässt sich verhaften, ohne Widerstand zu leisten (Lk 22,49-51). Das Matthäusevangelium deutet die Reaktion Jesu dann sogar explizit. Es heißt: Wer in einer derart ausweglosen Situation zu den Waffen greift, wird selbst getötet, ohne dass Aussicht auf einen Sieg bestünde. Jesus erweist sich hier also in erster Linie als kluger Stratege, nicht so sehr aber als überzeugter Pazifist (Mt 26,51-52). Dabei entspricht sein Handeln allerdings in keiner Weise dem der Vorbilder der damaligen Zeit, der Kriegshelden des griechisch-römischen Umfelds. Diese hätten auch in aussichtslosen Situationen den Kampf gewählt, um, wenn schon nicht zu siegen, so doch zumindest ihre Tapferkeit unter Beweis zu stellen.

Auch im Lukasevangelium hat man den Eindruck, dass Jesus deshalb gegen Petrus interveniert, weil er eine sinnlose Gewalteskalation vermeiden will. Wenn die Zahl der Gegner aber nicht so groß gewesen wäre, sondern es sich lediglich um eine kleine Gruppe gehandelt hätte, hätte er auch dann den Einsatz der zwei Schwerter unterbunden? Dies steht nämlich im Widerspruch zu einer anderen Stelle im Lukasevangelium (Lk 10,3), wo Jesus behauptet, er habe seine Jünger wie »Lämmer mitten unter die Wölfe« gesandt. Aber wie gesagt: Jesus

> Jesus hatte wohl kein Problem damit, körperliche Gewalt anzuwenden.

präsentiert keine systematische Theologie, er hat seine Grundüberzeugungen, reagiert aber natürlich auch auf die konkrete Situation. Insofern ist es zumindest nicht ausgeschlossen, dass der ansonsten friedliebende Prediger im Moment der Todesgefahr sich durchaus den Einsatz von Waffen hätte vorstellen können.

Vor dem Hintergrund der messianischen Erwartungen, die man in ihn setzte, wäre das kein Problem gewesen. Ganz im Gegenteil. Denn der von den Juden herbeigesehnte Messias hatte auch eine konkrete politische und militärische Komponente. Die Jesusbewegung war sicherlich auch eine Befreiungsbewegung, die sich sehr deutlich gegen die römische Besatzung positionierte. Zwar greift Jesus Rom nicht direkt an, doch die Symbolik seines Wirkens ist manchmal sehr klar. In seinem Kampf gegen die Mächte der Unterwelt beispielsweise wird ein Dämon »Legion« benannt (Mk 5,9 und Lk 8,30). Als Jesus den Dämon austreibt, fährt dieser, so erzählt es die Bibel, in eine Herde von Wildschweinen. Für die Menschen der damaligen Zeit waren die Anspielungen dieser Geschichte völlig offensichtlich: Jesu Handeln befreit von den Folgen der Herrschaft Roms, der Dämon kehrt dahin zurück, woher er gekommen ist – zu den Römern; im Wappen der X. Legion, die zur Zeit der Textentstehung im Raum Jerusalem stationiert war, ist nämlich ein männliches Wildschwein abgebildet.

Ein weiteres Indiz für die politische und eben auch kämpferische Ausrichtung der Jesusgruppe ist, dass mindestens einer der Jünger den Beinamen »der Zelot« trägt. Die Zeloten aber waren jüdische Widerstandskämpfer, die in den Jahren 66-74 n.Chr. zu den Hauptakteuren des ersten jüdischen Aufstands gegen die Römer werden sollten.

Aber auch in anderen Kontexten äußert Jesus sich nicht immer so, als träte er für einen bedingungslosen Pazifismus ein. Im Lukasevangelium (Lk 12,49-53) erklärt er einmal, er werde keinen Frieden bringen, sondern Spaltung und Entzweiung. Da er diese Aussage mit Blick auf die Familie tätigt und damit zum Ausdruck bringen will, dass die Frage der Annahme oder Ablehnung seiner Botschaft Familien spalten wird, handelt es sich natürlich nicht um einen kriegsverherrlichenden Satz. Trotzdem fällt es schwer zu akzeptieren, dass ausgerechnet die Ikone des Pazifismus offensichtlich kein Problem mit einer – um seinetwillen – völlig entzweiten Familie hat: Der Vater wird nämlich, so heißt es, mit dem Sohn streiten, der Sohn mit dem Vater, die Mutter mit der Tochter und die Tochter mit der Mutter und auch zwischen Schwiegermutter und Schwiegertochter wird es zu Zwietracht kommen.

> Pazifismus war nicht die zentrale Botschaft der Verkündigung Jesu.

Ob die schwer verständliche Episode mit den zwei Schwertern am Ende des letzten Abendmahls als Aufruf zum aktiven bewaffneten Widerstand zu interpretieren ist, ist rückblickend kaum zu entscheiden. Auch ist natürlich nicht ausgeschlossen, dass es sich doch – wie die kirchliche Tradition jahrhundertelang argumentiert hat – um eine spätere Überarbeitung handelt, mit der die junge Jesusgemeinschaft, die sich der Verfolgung ausgesetzt sah und in der Menschen um ihr Leben fürchten mussten, das Tragen einer Waffe zu rechtfertigen versuchte. Vielleicht wollte man einfach nicht noch mehr Christen zu wehrlosen Märtyrern machen. Das würde auch ganz gut zum Jesus-Wort im Matthäusevangelium – »Alle, die zum Schwert greifen, werden durchs Schwert umkommen« (Mt 26,52) – passen, das als Aufforderung interpretiert werden kann, Waffen nur mit guten Gründen einzusetzen und sich jedenfalls nicht auf sinnlose, da von vornherein verlorene Kämpfe einzulassen.

Der Umstand, dass die »Schwertworte« aber ausgerechnet an einer derart prominenten Stelle in der Passionsgeschichte vorkommen, weist eher darauf hin, dass sie doch Teil der ursprünglichen Worte des historischen Jesus gewesen sind. Sofern man akzeptiert, dass Jesus eben keine saubere widerspruchsfreie Theologie präsentiert, sondern inspiriert, überzeugt und leidenschaftlich seine Lehre vorgetragen hat und dabei oft eben auch widersprüchlich war, sollte das kein großes Problem darstellen. Viele seiner Taten und Aussprüche sind sehr wohl geeignet, einem moralphilosophisch ausgefeilten modernen Pazifismus-Konzept als Basis zu dienen, andere sind es eben weniger. Denn zumindest ein bisschen kämpferisch dürfte der friedliche Jesus allemal gewesen sein.

»Nie mehr in Ewigkeit soll jemand Frucht von dir essen!« (Mk 11,14)

Am Ende mit den Nerven

Die letzte Woche im Leben Jesu, bei der es sich übrigens um die in den Quellen am besten und ausführlichsten beschriebene Woche im Leben einer antiken Persönlichkeit handelt, war für ihn eine emotionale Achterbahnfahrt und dürfte ihn an seine (menschlichen) Grenzen gebracht haben. Das könnte auch der Grund sein, warum einige seiner öffentlichen Handlungen in dieser Zeit, die in den Quellen erzählt werden, eher eigenartig wirken. Generationen von Exegeten und Kirchenmännern haben über die Jahrhunderte hinweg z.T. komplizierte theologische Thesen entwickelt, mit deren Hilfe diesem sonderbaren Handeln Jesu einen für nachfolgende Generationen nachvollziehbaren Sinn zugeschrieben werden sollte. Dem Messias schlichtweg Überforderung zu attestieren, wäre wohl zu trivial gewesen. So deutete man die Vertreibung der Händler und Geldwechsler aus dem Vorhof des Tempels als Sorge um und Einsatz für das »Haus seines Vaters«, die Verfluchung eines Feigenbaums als Verwirklichung eines Herrschaftsanspruchs über die Schöpfung und die Anstiftung zum Diebstahl zweier Esel als Überwindung gesellschaftlicher Konventionen. Aber waren all diese Aktionen tatsächlich von Anfang an so zeichenhaft und theologisch so aufgeladen?

Bleibt man nahe am Text, fällt auf, dass mit dem Einzug in Jerusalem für Jesus eine Entwicklung beginnt, deren Dynamik er möglicherweise nicht ganz gewachsen war. Das Lukasevangelium beschreibt den Höhepunkt dieser Entwicklung in der Szene am Ölberg: Kurz vor seiner Gefangennahme schwitzt Jesus Blut (Lk 22,44). Es handelt sich hierbei offenbar um ein seltenes, aber bekanntes medizinisches Phänomen, das als »Hämhidrose« bezeichnet wird und in der Regel auf psychosomatische oder neurologische Auslöser zurückgeführt werden kann. Es ist aber, wie gesagt, nur der Höhepunkt einer Entwicklung. Denn auch in den Tagen zuvor ist Jesus nicht so souverän und ausgeglichen, wie es die traditionelle Textrezeption annimmt und die kirchliche Liturgie der Karwoche es darstellt. Zwar erlebt er in der jubelnden Menschenmenge, die ihn bei seinem Einzug in Jerusalem begrüßt und mit Hosanna-Rufen als Messias preist, den Höhepunkt seines öffentlichen Wirkens; mit den Nerven scheint der Heiland da aber bereits einigermaßen am Ende gewesen zu sein. Je näher der Moment seiner Verhaftung und seines Todes rückt, desto unbeherrschter und auch gewaltbereiter wird er. Unmittelbar vor seiner triumphalen Ankunft in der Hauptstadt des Volkes Israel hatte er schon den Diebstahl zweier Esel befohlen. Am nächsten Tag verflucht er einen Feigenbaum und schließlich stößt er im Tempel Tische um, vertreibt Menschen und schlägt Tiere.

Die letzten Tage Jesu waren sehr emotional und nervenaufreibend.

Die drei Szenen sind nicht nur literarisch miteinander verbunden, sie beschreiben auch – mit Blick auf den psychodynamischen Prozess, den Jesus in den letzten Tagen seines Lebens durchläuft – eine kohärente Entwicklung. Zum Zeitpunkt seines Einzugs in Jerusalem fühlt er sich stark und das treibt ihn an, Grenzen zu überschreiten. Er plant seine Ankunft, will sie inszenieren wie in der alten Prophezeiung aus dem Buch des Propheten Sacharja. Dieser stellte sich vor, dass der eschatologische König auf dem Rücken einer Eselin in die Stadt reiten würde (Sach 9,9). So weit, so gut. Nur leider besaß Jesus keine Eselin. Was tun? Vielleicht hätte er sich ein Tragtier leihen können. Aber Jesus steht unter Stress, vielleicht auch unter dem Druck der Erwartung seiner Begleiterinnen und Begleiter. Er fühlt vielleicht, dass er der Erfüllung seiner Berufung ganz nah ist. Und so entscheidet er, etwas zu tun, das er als gläubiger Jude eigentlich nicht hätte tun dürfen: Er übertritt eines der zehn Gebote: »Du sollst nicht stehlen«. Er sendet zwei Jünger aus, um Reittiere – eine Eselin und ihr Fohlen – zu stehlen.

So jedenfalls schildert es das Lukasevangelium: Der Herr braucht das Tier, und er nimmt es, ohne zu fragen (Lk 19,34). Das Markus- (Mk 11,3) und das Matthäusevangelium (Mt 21,3) erzählen die gleiche Episode etwas abgeschwächt. Hier nehmen die Jünger die Tiere ebenfalls an sich, versprechen aber, sie nach der geplanten Prozession zurückzubringen. Das ändert zwar nach dem jüdischen Recht nichts daran, dass es sich um einen Diebstahl handelt, aber bei einer Gerichtsverhandlung hätte man zumindest auf mildernde Umstände plädieren können. Dass Jesus zu diesem Zeitpunkt bereits äußerst angespannt war und die Übertretung des Gebotes ein erstes Anzeichen für eine zusehends instabile Verfassung sein könnte, bestätigen die beiden Szenen, die unmittelbar auf den Diebstahl der Eselin folgen.

Nach der ältesten Überlieferung, dem Markusevangelium, sind diese beiden Erzählungen sogar eng miteinander verbunden. Die Episode von der Verfluchung des Feigenbaums rahmt nämlich die Szene im Tempel. Im

Matthäusevangelium spielen die beiden Episoden dagegen an unterschiedlichen Tagen. Das Lukasevangelium seinerseits begnügt sich nicht mit der Verwünschung des Feigenbaums, sondern lässt Jesus die ganze Stadt Jerusalem verfluchen und ihre völlige Zerstörung prophezeien, bevor er zum Tempel geht, um die Händler hinauszuwerfen.

Die Erzählung von der Verfluchung des Feigenbaums ist in der Tat sehr eigenartig. Im Markusevangelium ist der Bericht nüchtern gehalten, zeichnet aber das Bild von einem Jesus, der zerstreut – oder auch verwirrt – durch die Landschaft wandert und völlig unvernünftige – oder zumindest schwer verständliche – Dinge tut. Nach seinem triumphalen Einzug in Jerusalem hat Jesus in Bethanien, einem kleinen Dorf wenige Kilometer östlich, übernachtet und ist nun wieder auf dem Rückweg in die Stadt. Er hat Hunger, sieht einen Feigenbaum und hofft, hier Früchte zu finden, um seinen Hunger zu stillen. Das ist durchaus plausibel. Denn die Ereignisse spielen in den Tagen vor dem jüdischen Passahfest des Jahres 30, was umgerechnet auf unseren Kalender bedeutet, dass gerade die erste Aprilwoche angebrochen sein muss. Tatsächlich gibt es in Palästina Feigenbaumsorten, die bis zu dreimal pro Jahr Früchte tragen. Im Frühjahr die aus den Knospen des vorangegangenen Herbstes, die über den milden Winter gereift sind, gegen Ende des Sommers die aus den Knospen des Frühjahrs, bei denen es sich zugleich um die Haupternte handelt, und in warmen Gegenden mit langen Sommern konnte man im Herbst noch einmal die Spätfeigen aus den Knospen des Sommers genießen.

Dass Jesus also Anfang April erwartet, an einem Feigenbaum Früchte zu finden, war wohl nichts Außergewöhnliches, manchmal konnte man auch im Frühling

Glück haben. Nun hat er aber kein Glück. Der Baum trägt keine essbaren Früchte und Jesus wird so wütend, dass er den Baum kurzerhand verflucht. Am nächsten Tag stellen die Jünger fest, dass der Feigenbaum von der Wurzel an verdorrt ist. Ein zorniger und unbeherrschter Jesus, der, statt positive Wunder zu wirken, seine Kräfte dazu nutzt, einen Baum zu vernichten, erinnert an den frechen kleinen Jesus der apokryphen Kindheitsevangelien.

> Jesus verflucht einen Baum, weil er keine Früchte trägt, obwohl es nicht die Erntezeit war.

Das Matthäusevangelium lässt die Erzählung unkommentiert, vielleicht mit der Absicht, einfach nicht viel Wind um die Sache zu machen. Das Markusevangelium hingegen verschärft den negativen Eindruck sogar noch, indem es eine entscheidende Information hinzufügt. Dort heißt es nämlich trocken, Jesus habe nichts finden können, »denn es war nicht die Zeit der Feigen« (Mk 11,13). Der Zorn, den Jesu gegen den Feigenbaum richtet, wirkt nach dieser Bemerkung im Markusevangelium noch irritierender, denn offensichtlich war der Baum »unschuldig«. Jesus sucht einfach in der falschen Jahreszeit und findet (natürlich) nichts. Ganz offensichtlich steht im Hintergrund dieser Episode die Erinnerung an einen Heiland, den enttäuschte Erwartungen wütend machten und der nicht frei von Jähzorn war.

Das wird auch sichtbar bei der Vertreibung der Händler aus dem Tempel. Im *Thomasevangelium* (Logion 71), einer apokryphen Schrift, die als sehr alt gilt und in der 141 Sprüche überliefert sind, die von Jesus stammen sollen, findet sich ein Satz, der in den kanonischen Evangelien nicht tradiert ist. Demnach kündigte Jesus an, den Tempel zerstören zu wollen, damit ihn niemand wieder aufbauen könne. Ähnlich lässt sich der Text des Markusevangeliums verstehen (Mk 14,58): »Ich werde dieses Heiligtum, das mit Händen gemacht ist, niederreißen und in drei Tagen ein anderes bauen, das nicht mit Händen gemacht ist«.

Die offizielle christliche Lehre behauptet, der Text spräche hier auf einer symbolischen Ebene von der Auferstehung Jesu. Jesus deute hier – in Erwartung seines Todes und seine Auferstehung vorhersehend – seinen Leichnam als Tempel, der nach drei Tagen wieder aufgerichtet sein werde. Das muss aber nicht richtig sein. Vielmehr spielt der Text auf die apokryphe Überlieferung von König Salomo an. Dieser konnte nach dieser Überlieferung den Tempel nur deshalb bauen, weil er Geister befehligen konnte, also Wesen, die nicht mit den Händen arbeiten, so heißt es zumindest im apokryphen *Testament des Salomo*, einem Werk aus dem Beginn des vierten Jahrhunderts. Jesus stellt sich so in die prophetische Tradition der Orakel gegen den Tempel und gegen Jerusalem, die im Alten Testament durchaus verbreitet ist, und inszeniert gewissermaßen bei der ersten Gelegenheit in Eigenregie und wohl auch im Affekt eine Mini-Tempelzerstörung.

Doch sehen wir uns die Szene im Detail an: Unmittelbar nach der Verfluchung des Feigenbaums betritt Jesus – noch immer hungrig – den Vorhof des Tempels, wo Händler Opfertiere feilbieten und Geldwechsler die Pilger mit der einzigen im Tempel erlaubten Währung versorgen, der Doppeldrachme von Tyrus. Diese Silbermünze stand zwar nicht im Einklang mit den Vorschriften der jüdischen Religion, denn auf ihr war der Gott Zeus in Gestalt eines Adlers abgebildet. Doch aufgrund ihres stabilen Silbergehalts war sie als Währung sehr beliebt, vor allem an Orten, an denen viele Menschen aus unterschiedlichen Ländern zusammenkamen, wie eben am Tempel von Jerusalem.

Was dann genau geschieht, wird in den vier Evangelien in unterschiedlicher Form, mit unterschiedlichen Details und mit unterschiedlichen Deutungen erzählt. Allen Beschreibungen gemeinsam ist ein zorniger und äußerst aggressiver Jesus, der Tische umwirft und Menschen verjagt. Natürlich versuchen die Evangelien, die Deutungshoheit über das Geschehen zu behalten, und begründen das Verhalten Jesu mit einem besonderen Eifer für die Sache Gottes oder mit dem Versuch, den Tempel als Gebetshaus für alle Völker zu etablieren. Ganz überzeugend sind die Erklärungen nicht.

> Im Zorn schlägt Jesus Tiere und wirft die Tische der Händler im Tempel um.

Aber auch heute, 2.000 Jahre später, wird das Ausrasten Jesu noch theologisch gedeutet und damit entschuldigt. So versucht man, sein Umherschlagen – laut dem Johannesevangelium mit einer selbst gebastelten Peitsche –, das Umstürzen von Tischen und das Aufscheuchen der gläubigen Juden irgendwie zu rechtfertigen. Aber klar ist: Ein derartiger Wutausbruch, auch wenn Jesus keine Menschen direkt schlägt oder verletzt, im Tempel war ein absolutes No-Go! Die Heiligkeit des Ortes ließ das keinesfalls zu. Jemand, der ein solches Verhalten wagte, war eine Gefahr. Dass man auf diese Weise der Wahrnehmung in der damaligen Zeit aber ganz sicher immer noch nicht gerecht wird, zeigt sich allein schon daran, dass die Hohepriester und Schriftgelehrten – folgt man dem Markus- und dem Lukasevangelium – nach diesen Ereignissen beschließen, Jesus zu töten. Kann es also sein, dass ein massiv unter Druck stehender Messias, der den Erwartungen seines

Umfelds nur begrenzt zu entsprechen vermag, zu guter Letzt mit den Nerven so am Ende ist, dass er sich zu Aktionen hinreißen lässt, die eine Dynamik in Gang setzen, an deren Ende sein Tod steht? Die Berichte der Evangelien legen es zumindest nahe.

»Bindet ihm Füße und Hände und werft ihn in die Finsternis hinaus, da wird Heulen und Zähneklappern sein.« (Mt 22,13)

Der unbarmherzige Vollstrecker

In der Cappella degli Scrovegni in Padua malte der berühmte Künstler Giotto um 1300 ein riesiges Fresko, auf dem das »Jüngste Gericht« abgebildet ist. Als Vorlage und Inspiration diente ihm das 25. Kapitel des Matthäusevangeliums, in dem Jesus selbst als fairer Richter, als »Menschensohn« auftritt. Er trennt in diesem Verfahren die Guten von den Bösen; die einen belohnt er, die anderen bestraft er gerecht. In Giottos Deutung sitzt in der Mitte des Bildes ein streng blickender, dabei aber recht statischer Jesus auf einem Thron, aus dem die blutroten Flüsse der Hölle zu entspringen scheinen. Der Richter schaut unnachgiebig in Richtung der zu bewertenden Seelen, seine Arme sind nach rechts und links ausgestreckt, aber nicht, weil er die Seelen mit offenen Armen empfangen will. Vielmehr weist die eine ausgestreckte Hand ins Heil, die andere in die Hölle, nach links die Verdammten, nach rechts die Geretteten. Jesus trägt priesterliche Gewänder – sodass es klar ist, wer in der realen Welt die Macht hat, Menschen in die Hölle zu schicken. Jesus bringt jedenfalls Ordnung in die Schöpfung und trifft harte, aber eben auch nachvollziehbare und gerechte Entscheidungen.

Etwa zweihundert Jahre später wird ein anderer großer Künstler der Frührenaissance, Michelangelo, dasselbe Thema aufgreifen. Auch er gestaltet eine ganze

Wand in der vielleicht berühmtesten Kapelle der Christenheit, dem Ort, an dem seit dem 15. Jahrhundert die Päpste gewählt werden, der Sixtinischen Kapelle im Vatikan. Jesus steht auch hier in der Mitte des Freskos, sein Auftritt ist aber ein ganz anderer als bei Giotto. Es gibt keinen Thron mehr, Jesus ist so gut wie nackt und in einer dynamischen Pose dargestellt. Er sieht aus, als nehme er Anlauf, und er hebt die rechte Hand, als wolle er zu einem Schlag ausholen. Die Menschen um ihn herum warten nicht – wie beim Fresko in Padua – in geordneten Reihen auf das Gericht. Es herrscht vielmehr ein heilloses Durcheinander, der Himmel und die Hölle scheinen völlig aus den Fugen geraten zu sein. Der richtende Jesus wirkt in erster Linie entschlossen, in seinem Blick liegen weder Barmherzigkeit noch Mitleid. An seiner rechten Seite duckt sich mit abgewendetem Gesicht, so als müsste sie dem Schlag ihres Sohnes ausweichen, Jesu Mutter Maria, die Fürsprecherin der Seelen schlechthin. Dass sie sich abwendet, weckt den Eindruck, als habe sie längst resigniert, sich damit abgefunden, dass sie niemandem mehr helfen und nur noch das Urteil ihres Sohnes über die Menschheit abwarten kann.

Jesus als Richter, der Menschen in die Hölle schickt, war ein beliebtes Motiv.

Giottos und Michelangelos Gemälde des Weltgerichts gehören zu den berühmtesten Werken der Malerei. Sie haben nicht nur zahlreiche Künstler nach ihnen beeinflusst, sondern sind auch Ausdruck eines Jesusbildes, das noch heute in der Lehre der Kirche und in der Frömmigkeit der Gläubigen sehr präsent ist: Jesus als gerechter, dabei aber nicht besonders barmherziger Richter der Welt, der die Guten belohnt und die Bösen gnadenlos bestraft. Beeinflusst wurde diese

Vorstellung wesentlich von der im 13. und 14. Jahrhundert immer stärker sich verbreitenden Lehre von Hölle und Fegefeuer. Aber auch viele biblische Texte entwerfen ein Jesusbild, in dem nicht nur keine Barmherzigkeit, sondern sogar Bosheit und Niedertracht wahrzunehmen sind.

Die Vorstellung, dass es am Ende der Zeiten ein Gericht geben wird, ist allerdings keine Erfindung des Christentums. Derartige Konzepte findet man in vielen anderen Kulturen, doch gerade im Christentum hat sich eine besonders präzise und detaillierte Ausprägung dieser Enderwartung entwickelt. Auch die Schilderungen der Evangelien tragen dazu bei, dass das endzeitliche Gericht auf Menschen, die nicht besonders gottesfürchtig und regelgetreu gelebt haben, ordentlich Eindruck machte und viele Gläubige in Angst und Schrecken versetzte.

Bestimmte Aussagen Jesu in den Quellen tragen das ihre dazu bei. Er droht Menschen, die sich von ihren Händen, Füßen oder Augen zur Sünde verführen lassen, mit dem Feuer der Hölle. Es ist besser, heißt es, sich von diesen Teilen des Körpers zu trennen, als sie zu behalten und mit ihnen in die Hölle zu fahren (Mk 9,43-48).

Diese Botschaft muss schon auf die ersten Christen einigermaßen verstörend gewirkt haben. Das merkt man zum Beispiel daran, dass die ältesten Manuskripte des Markusevangeliums unterschiedliche Versionen dieses Textes enthalten, die teilweise weniger brutal waren, zumindest, was das Abhacken von Händen und Füßen betrifft. Das heißt, gleich mehrere Schulen von Schreibern und Kopisten hielten es für sinnvoll, dem Text zumindest etwas von seiner Schärfe zu nehmen.

Dennoch blieb in der Tradition die Hölle stets präsent, als der Ort, wo – laut Jesus – »der Wurm nicht stirbt und das Feuer nicht erlischt« (Mk 9,48).

In manchen Fällen mögen dabei die harten Strafen eine gewisse Plausibilität haben, etwa im Fall des unbarmherzigen Knechtes aus dem Matthäusevangelium (Mt 18,23-35), den Luther später in seiner Übersetzung der Bibel als »Schalksknecht« berühmt machen sollte. Als der für Gott stehende König ihm alle Schulden erlässt, bedankt er sich erleichtert, lässt kurz darauf aber seinerseits einen anderen Knecht, der ihm deutlich weniger schuldet, ins Gefängnis werfen, auf dass er so lange dort bleiben solle, bis er die ganze Summe zurückbezahlt habe. Als der König davon erfährt, bestraft er den unbarmherzigen Knecht ebenso unbarmherzig, wie dieser selbst an seinem Schuldner gehandelt hat.

Weniger nachvollziehbar ist dagegen die Strafe für den Knecht, der Geld, das ihm zur Verwahrung übergeben wurde, nicht gewinnbringend anlegt. Er wird in der Geschichte zwar nicht als so fleißig wie die anderen Knechte dargestellt, die deutlich mehr aus dem ihnen anvertrauten Vermögen machten. Aber der risikoscheue Knecht hat nichts gestohlen oder veruntreut. Seine Strafe – »Werft den nichtsnutzigen Knecht hinaus in die Finsternis! Dort wird er heulen und mit den Zähnen knirschen« (Mt 25,30) – erscheint darum doch etwas überzogen.

Noch fragwürdiger erscheinen die Gerechtigkeitsvorstellungen Jesu jedoch in einem anderen Gleichnis, das unter dem märchenhaften Titel »Die Hochzeit des Königs« bekannt geworden ist (Mt 22,1-14). Die Erzählung handelt wieder von einem König, der einmal mehr für Gott steht. Er richtet für seinen Sohn eine pompöse Hochzeit aus, zu der allerdings keiner der Eingeladenen kommen will. Der König beschließt kurzerhand, wahllos Menschen von der Straße zusammenzutrommeln, bis der Hochzeitssaal voll ist. Als er aber grundsätzlich zufrieden durch den Saal schlendert, bemerkt er, dass einer der Gäste kein Hochzeitsgewand trägt, also nicht angemessen gekleidet ist. Unverzüglich wird der arme Kerl, der zuvor vermutlich ganz zufrieden sein bescheidenes Dasein auf der Straße gefristet hat, von den Schergen des Königs gepackt, gefesselt und in die »äußerste Finsternis« geworfen. »Da wird Heulen und Zähneklappern sein« (Mt 22,13), resümiert Jesus, um unmissverständlich zum Ausdruck zu bringen, was einem droht, wenn man eine Einladung Gottes annimmt, dann aber nicht den göttlichen Vorstellungen entspricht.

> Viele der Aussprüche Jesu sind von Härte und Unbarmherzigkeit durchzogen.

Aber nicht nur die Gerichtsaussagen Jesu sind von Härte und Unbarmherzigkeit durchzogen. Er wird auch in anderen Kontexten sehr eindeutig. So sollen Menschen, die Kinder verführen, mit einem Mühlstein um den Hals ins Meer geworfen werden (Mk 9,42 und fast gleichlautend Mt 18,6 sowie Lk 17,2). Und wer nicht bereit ist, sich mit seinem Bruder zu versöhnen, gehört nach Jesu Auffassung ins Gefängnis geworfen (Mt 5,25).

Insgesamt zeigen die Gerichtsworte Jesu – aus heutiger Perspektive – eine deutliche Tendenz zu Willkür und Grausamkeit. Nicht Wohlwollen und Güte sprechen aus diesen Sätzen, sondern übertriebene Härte und teils sogar Rachefantasien.

Besonders erbarmungslos behandelt Jesus Dämonen, die bei ihm ausschließlich die höchste Strafe, nämlich den Tod, zu erwarten haben. Tatsächlich endet keine einzige Dämonenaustreibung mit einem Wort der Hoffnung oder gar mit einer Bekehrung der bösen Geister. Es mag anachronistisch sein, eine solche Haltung zu erwarten – denn in der Tat ist die Vorstellung von einer leeren Hölle sehr modern –, aber in ein sehr sympathisches Licht stellt sich Jesus, der Vollstrecker, damit nicht. Barmherzigkeit und eigentlich auch Gerechtigkeit ist lediglich ganz bestimmten, ihm genehmen Personen und Gruppen vorbehalten. Und selbst diese haben keinen Rechtsanspruch auf Güte, vielmehr wird ihnen die göttliche Gnade gönnerhaft, wie ein Geschenk gewährt oder eben auch nicht.

Besonders grausam wirken Jesu Gerichtstexte gegen sein eigenes Volk, was sich in der Geschichte des Antisemitismus übrigens dann auch einigermaßen folgenschwer ausgewirkt hat. Das Matthäusevangelium, das in einer Zeit entsteht, als sich die Christen langsam aus der Gemeinschaft mit den Juden verabschieden, erzählt, dass Jesus, als er sich einmal von seinen Glaubensgenossen abgelehnt fühlt, sich mit einem Eckstein vergleicht, den die Bauleute weggeworfen haben. Nicht nur, dass damit die Statik des ganzen Gebäudes, sprich des jüdischen Volkes, in Gefahr gerät. Dieser Stein selbst wird zur Gefahr, denn wer über ihn stolpert, wird zerschmettert, und wer unter ihn gerät, der wird zermalmt (Mt 21,44).

> Die judenkritischen Aussagen Jesu führten zwangsläufig zum Antisemitismus.

Aber auch andere Texte muten reichlich eigenartig an. In der Logienquelle Q (Mt 24,43 und Lk 12,39) findet man einen weiteren Text, in dem das Kommen des Gerichts – also des Reiches Gottes, das Jesus herbeiruft – mit einem Dieb verglichen wird, der ein Anwesen heimtückisch in der Nacht aufsucht und den Hausherrn völlig unvorbereitet antrifft. Im Ersten Thessalonicherbrief (1 Thess 5,2-4), im Zweiten Petrusbrief (2 Petr 3,10) und vor allem in der Offenbarung des Johannes (Offb 3,3; 16,15) wird diese Vorstellung mit dem Tag des Herrn – also dem Tag des Jüngsten Gerichts – in Verbindung gebracht. Es scheint aber ein gewisser Widerspruch zu sein, sich Jesus, den gerechten Richter, als Dieb vorzustellen. Denn ein Dieb ist ganz sicher keine positive Figur; er ist weder berechenbar noch gerecht, sondern agiert moralisch verwerflich, schleicht sich in der Dunkelheit ein. Daher muss man jederzeit wachsam sein. Das mag zwar eine im Leben nützliche Quintessenz sein, ein besonders schönes Bild von Gott entsteht dabei jedoch nicht. Das dürfte Jesus bei seinen diversen Rechtssprüchen aber auch kein Anliegen gewesen sein. Vielmehr agiert er gleichgültig gegenüber Leid und Schmerz, den seine Strafen verursachen, und scheint an der eigenen Härte sogar ein gewisses Vergnügen zu finden. Er ist somit ganz und gar ein Kind seiner Zeit.

»... und es gibt Kastrierte, die sich selbst kastriert haben wegen des Reiches der Himmel.« (Mt 19,12)

Liebhaber mit Ansprüchen

Morton Smith, der 1957 zum Professor für Alte Geschichte an der Columbia University in New York ernannt wurde, nahm im Sommer 1958 ein Sabbatjahr, also eine Art Sonderurlaub für Hochschullehrer. Er war damit für eine längere Zeit von seinen Unterrichtsverpflichtungen freigestellt und konnte sich intensiv seiner Forschungstätigkeit widmen. Smith verbrachte einen Teil seiner Forschungszeit in Mar Saba, einer griechisch-orthodoxen Klosteranlage in der Judäischen Wüste zwischen Bethlehem und dem Toten Meer, wo er alte christliche Handschriften katalogisieren wollte. In der Bibliothek des auch heute noch bewohnten Klosters fand er in einer Ausgabe der Werke des Ignatius von Antiochien aus dem Jahr 1646 drei dem Buch beigelegte handgeschriebene Blätter. Morton stellte fest, dass der auf den Blättern zu lesende Text aus einem Brief von Clemens von Alexandrien, einem Kirchenvater aus der zweiten Hälfte des zweiten Jahrhunderts, stammte, den dieser an einen gewissen Theodorus gesandt haben soll.

Die Blätter selbst waren natürlich nicht das Original dieses Briefes, sondern eine Abschrift aus dem 17. oder 18. Jahrhundert. Trotzdem war der Fund sensationell. Morton Smith fotografierte die drei Seiten und steckte sie wieder in das Buch, bevor er dieses dem Klosterbibliothekar zurückgab. Dann verliert sich zunächst die Spur dieser Quelle, bis im Jahr 2000 Farbfotografien der drei Seiten veröffentlicht wurden. Seit Mortons Fund hat aber niemand mehr die drei handgeschriebenen Seiten im Original gesehen und ihr Verbleib ist heute ungeklärt. Manche vermuten, dass der Band, der die Briefseiten enthält, in der Bibliothek verstellt wurde, andere, dass das Buch gar vernichtet worden ist, und einige argwöhnen sogar, dass es das Buch nie gegeben und Morton Smith die Briefseiten gefälscht und dann fotografiert hat.

Trotz dieser Ungewissheit wurde der von Morton veröffentlichte Text in die offizielle Sammlung der Werke von Clemens von Alexandria aufgenommen, und seit dieser Entscheidung war klar, dass man sich mit seinem Inhalt auseinandersetzen musste. Und dieser ist nicht nur in der Wahrnehmung der damaligen Zeit brisant.

Clemens reagiert in seinem Brief auf die Sorgen des Theodorus, der in Alexandria ein Exemplar des sogenannten *Geheimen Markusevangeliums* gelesen hatte und nun verunsichert ist. Bei dem *Geheimen Markusevangelium* handelt es sich um eine Schrift, die vornehmlich von einer häretischen christlichen Gruppe verwendet wurde: den Anhängern des Ketzers Karpokrates. Dieser Text existierte neben der damals noch nicht kanonischen, aber bereits weit verbreiteten Fassung unseres heutigen Markusevangeliums. Clemens gibt sich alle Mühe, die Autorität des »echten« Markusevangeliums zu betonen und die Lehre des Karpokrates samt seiner Version des Evangeliums zu delegitimieren.

Warum er das tut, wird deutlich, wenn man sich einen Abschnitt vor Augen hält, den Clemens selbst zitiert. Die Szene handelt vom reichen Jüngling, der Jesus folgen will, es aber nicht tut, weil er sich nicht vorstellen kann, auf seinen Reichtum zu verzichten. Schon in der Fassung des späteren kanonischen Evangeliums wird erwähnt, dass Jesus den jungen Mann intensiv angesehen und auch liebgewonnen habe (Mk 10,21). Die geheime Version des Textes enthüllt aber pikante Details. Zunächst einmal verstirbt der junge Mann schon bald nach der Begegnung mit Jesus; doch dieser beschließt, ihn aufzuerwecken. Am Abend kommt dann der wieder ins Leben zurückgerufene Schönling zu ihm, sie verbringen die Nacht zusammen und Jesus erzählt ihm viele Geheimnisse. So weit wäre das Ganze noch ziemlich harmlos, wenn nicht erwähnt würde, dass »der Jüngling zu ihm kam und nur ein leinenes Tuch über [seinem] nackten [Körper] trug«.

> Die Fehlinterpretation einiger Quellen lässt homoerotische Tendenzen erkennen.

Schon Morton Smith hatte in der ersten Veröffentlichung seines Fundes die Vermutung geäußert, dass diese Begegnung eine Erinnerung an eine homosexuelle Neigung Jesu enthalten könne, habe der doch offensichtlich keine Schwierigkeiten gehabt, nachts mit einem praktisch nackten jungen Mann zusammen zu sein. Interessant ist: Auch das kanonische Markusevangelium kennt eine solche Szene. Dort heißt es im Zusammenhang mit der Gefangennahme Jesu (Mk 14,51-52): »Und es war ein Jüngling, der folgte ihm nach, der war mit einem Tuch bekleidet auf der bloßen Haut; und sie griffen ihn. Er aber ließ das Tuch fallen und floh nackt davon.« Auch diese Episode nahm man später als Beleg für eine erotische Beziehung zwischen Jesus und dem jungen Mann.

Parallelen zu anderen bekannten Lehrergestalten der klassischen griechischen Antike wie Sokrates oder Platon gibt es auch. Beide bildeten Jünger aus, die sie in die Geheimnisse ihrer Lehre einweihten und mit denen sie in z.T. enger Gemeinschaft lebten. Dass diese Gemeinschaft auch sexuelle Beziehungen umfasste, war in der antiken Öffentlichkeit völlig klar und niemand war skandalisiert. Niemand wäre auf den Gedanken gekommen, Sokrates mit heutigen Kategorien als »schwul« zu bezeichnen, auch wenn er – neben einer erotischen Beziehung zu seiner Ehefrau – eben auch eine zu seinen Schülern unterhielt.

Auch im Hinblick auf Jesus gibt es eine ganze Reihe von weiteren Stellen, die darauf hinweisen, dass er sich mehr für Männer interessierte als für Frauen. So tritt in der Episode vom wohlhabenden Jüngling – in der Fassung des *Geheimen Evangeliums* – später eine Schwester dieses Jünglings auf. Jesus will sie jedoch nicht einmal empfangen. Natürlich könnte man die Geschichte auch anders deuten, denn das *Geheime Markusevangelium* weist eindeutig eine gnostische Prägung auf und die Gnostiker wollten gerade alles Sexuelle vermeiden. Das Leinentuch und die Nacktheit würden in dem Fall die Reinheit der Jünger symbolisieren. Dass Jesus kein Interesse hatte, der spärlich gekleideten Schwester nächtelang Gleichnisse zu erzählen, bleibt trotzdem ein Faktum. Ebenso wie jene Episode im kanonischen Johannesevangelium, die beschreibt, wie der sogenannte »Jünger, den Jesus lieb hatte«, an der Brust Jesu liegt (Joh 13,23), der sich zuvor bis auf die Unterwäsche ausgezogen hatte (Joh 13,4).

Neben homoerotischen Aspekten kennt die Diskussion über das Liebesleben Jesu aber noch weitere Facetten.

Bereits in den gnostischen Texten der ersten Jahrzehnte des Christentums wird Maria Magdalena als die (ideale) Ehefrau Jesu skizziert. Das *Philippusevangelium* beispielsweise, eine apokryphe Schrift aus dem zweiten Jahrhundert, bezeichnet sie als »Gefährtin« Jesu, erzählt von der großen Liebe zwischen den beiden sowie davon, dass Jesus sie bevorzugte und oft auf den Mund küsste. Die Australierin Barbara Thiering, Gymnasiallehrerin und später Dozentin an der Universität von Sydney, scheint noch mehr Details zu kennen. Sie erfand eine Deutungstechnik, die sie in Anlehnung an einige Schriftrollen vom Toten Meer »Pescher-Technik« nannte. Sie behauptete, die Evangelien seien Texte, die eine verborgene Botschaft vermitteln sollten. Ohne irgendeine Art von Beweis oder eine argumentative Analyse vorzulegen, errechnete sie in einer Veröffentlichung von 1993, dass Jesus und Maria Magdalena am 6. Juni des Jahres 30 um exakt 18:00 Uhr in der Oase Ein-Feshkha am Toten Meer ihre Verlobung gefeiert hätten.

> Jesus und Maria Magdalena hatten nie eine sexuelle Beziehung oder waren verheiratet.

Am 23. September desselben Jahres wurde die Hochzeit begangen. Erst zwei Jahre später jedoch, gegen Ende Dezember, wurde Magdalena schwanger, denn das Paar plante, im darauffolgenden September, dem Monat, in dem traditionell Könige geboren werden, einen Stammhalter zur Welt zu bringen. Als jedoch ein Mädchen und kein Junge geboren wurde, widmete sich Jesus – wohl aus Frust und Enttäuschung – stärker seiner Mission als Wanderprediger. Im Februar des Jahres 33 wurde er gekreuzigt, überlebte aber und zog nach Rom, wo er drei weitere Kinder zeugte. Allerdings ließ er sich von Maria Magdalena scheiden bzw. wurde von ihr verlassen. Er tröstete sich aber relativ schnell mit der Purpurhändlerin Lydia, die er im Jahre 50 geheiratet haben soll. Im Jahre 64 starb er schließlich an Altersschwäche.

Die Spekulationen von Frau Thiering wurden in der Fachwelt – sowohl von Exegeten als auch von Qumranforschern – als abenteuerlich, unseriös, substanzlos und fantastisch zurückgewiesen. Tatsächlich verdankte sie ihre »Einsichten« nicht der wissenschaftlichen Forschung, sondern ihrer Einbildungskraft. Der Erfolg ihrer Bücher zeigt aber, wie groß das Interesse der Menschen an Jesus, dem Liebhaber, ist.

So hat sich auch der deutsch-israelische Religionswissenschaftler Shalom Ben-Chorin zum Liebesleben des christlichen Heilands geäußert und bereits 1967 in seinem Bestseller »Bruder Jesu« die recht banale Beobachtung gemacht, dass Jesus von seinen Jüngern und vielen anderen als »Rabbi« angesprochen wurde. Kultur- und religionsgeschichtlich folgt daraus mit einer gewissen Notwendigkeit, dass Jesus verheiratet war. Ein unverheirateter Rabbi war für die Juden von damals nämlich ein No-Go, hätte er doch schon mit seiner Lebensführung gegen das erste Gebot Gottes verstoßen: »Seid fruchtbar und mehret euch« (Gen 1,26). Die im Talmud verschriftlichte jüdische Tradition ist in diesem Punkt mehr als deutlich: »Rabbi Tanhum sagte, dass Rabbi Hanilai gesagt habe: Wer keine Frau hat, ist ohne Freude – heißt es im Traktat Jebamoth 62b – ohne Segen, ohne Glück.« Dass die Evangelien von einer Ehe Jesu nichts berichten, ist nicht ungewöhnlich, sondern besagt eigentlich

> Da sich Jesus als Rabbi bezeichnen lässt, ist es möglich, dass er eine Frau hatte.

nur, dass man den Umstand so gewöhnlich fand, dass er nicht eigens erwähnt werden musste. Ganz ähnlich verhielt es sich auch mit den großen Rabbinern Hillel und Schammai, die etwa zur gleichen Zeit wie Jesus lebten. Da es Aufzeichnungen über ihre Kinder gibt, weiß man, dass sie verheiratet waren; in den Schriften über sie wird eine Eheschließung aber nirgendwo erwähnt.

Sofern Jesus also verheiratet gewesen ist, hat er sich ziemlich sicher nicht scheiden lassen, um eine Purpurhändlerin namens Lydia zu ehelichen; denn er selbst war es, der das jüdische Scheidungsrecht maßgeblich verschärft hatte. In Abhebung von der Torah, nach der die Scheidung durchaus erlaubt war, verkündete er: »Ich sage euch aber, dass jeder, der seine Frau verlässt [...] und eine andere heiratet, Ehebruch begeht« (Mt 19,9 und ähnlich lautend in Mt 5,32; Mk 10,12 und Lk 16,18). Seine Jünger sind alles andere als angetan vom Rigorismus ihres Meisters und weisen Jesus darauf hin, dass eine solche Regelung keinen Sinn mache, weil es dann besser sei, gar nicht zu heiraten, wenn man sich für immer an eine einzige Frau binden müsse. Als Reaktion darauf offenbart ihr Lehrer seine grundlegende Einstellung gegenüber der Sexualität. Das Beste für das Himmelreich sei es demnach, sich zu kastrieren (Mt 19,12). Missverständlich dürfte das eher nicht gewesen sein, denn auch an einer anderen Stelle hatte er sich bereits dazu geäußert, was zu tun sei, wenn einen sein »Fuß«, im Aramäischen ein Synonym für das männliche Glied, Probleme bereitet: »Wenn dein Fuß dir Ärgernis gibt, so hau ihn ab« (Mk 9,45). Egal ob Jesus also seine angebliche Ehefrau Maria Magdalena, den jungen wohlhabenden Mann oder den Lieblingsjünger leidenschaftlich geliebt hat oder nicht, er war auf jeden Fall ein Liebhaber mit (klaren) Ansprüchen.

»Selig sind die Brüste, die keine Milch gegeben haben!« (ThEv 79)

Macho unter Gleichgesinnten

Die historische Forschung zu Jesus zeichnet ein ziemlich genaues Bild der sozialen, politischen und wirtschaftlichen Verhältnisse seiner Zeit. In der damaligen Gesellschaft war die Rolle der Frau klar definiert. Wo sie in der sozialen Ordnung zu stehen hatte, wurde in der Regel religiös oder aber unter Berufung auf die vermeintliche Natur der Frau begründet. Dem weiblichen Geschlecht wurden demnach Attribute wie schwach, ängstlich, kleinlich, geschwätzig, irrational, emotional und unkontrollierbar zugeschrieben. Frauen galten als grundsätzlich unrein bzw. gefährlich, war doch durch die Frauen – in Gestalt der Eva – das Böse in die Welt gekommen, wie bereits einige Jahrzehnte vor Christus bereits das Buch Jesus Sirach (Sir 25,24) feststellte. Der natürliche Platz der Frau war das Haus und ihre wichtigste Aufgabe die Kindererziehung, wobei allerdings die Jungs, wenn sie alt genug waren, die Torah zu studieren, zum Mann in die Ausbildung kamen. Das öffentliche Leben war klar die Domäne des Mannes und auch, wenn die Stellung der Frauen je nach Zugehörigkeit zu den unterschiedlichen sozialen Gruppen variierte, waren sie im Ganzen doch klar benachteiligt und dem Mann untergeordnet.

Trotzdem gibt es im Neuen Testament immerhin eine Stelle, die von Frauen in der Nachfolge Jesu spricht. Als Jesus am Kreuz stirbt, berichtet nämlich das Markusevangelium (Mk 15,40-41), dass Frauen, die ihm aus Galiläa gefolgt waren, das Geschehen aus der Ferne beobachteten. Bei den Paralleltexten in den anderen synoptischen Evangelien (Mt 27,55-56; Lk 23,49 und Lk 8,2-3) handelt es sich um keine eigenständigen Erzählungen, sondern um redaktionelle Übernahmen des Markustextes, sie bringen darum inhaltlich nichts Neues. Allerdings findet sich am Anfang des apokryphen Werkes *Sophia Jesu Christi* aus dem späten zweiten Jahrhundert die Notiz, dass nach der Auferstehung zwölf Jünger und sieben Frauen Jesus nach Galiläa gefolgt seien.

Die Spärlichkeit der Belege dafür, dass es in der Nachfolge Jesu auch Frauen gab, korrespondiert mit Passagen, in denen sich Jesus wie ein richtiger Macho benimmt und keine Sensibilität dafür zeigt, wie Frauen die Welt wahrnehmen. Es beginnt damit, dass er in seinem religiösen Denken eine eindeutig androzentrische Position vertritt. So spricht er von Gott durchgehend als Abba, Vater, und kein einziges Mal als Mutter. Und das, obwohl Gott in der jüdischen Tradition durchaus auch weiblich gedacht, als Mutter (Jes 66,13; Hos 11,1-4) und sogar als Gebärende (Dtn 32,18; Jes 42,14) dargestellt wurde. Auch bei den Tierbildern, die in der Bibel immer wieder eingesetzt werden, um sich wertschätzend auf besondere Eigenschaften Gottes zu beziehen, kommen explizit weibliche Tiere vor wie etwa die Henne, die unter ihren Flügeln ihre Küken behütet, die Bärin, die ihre Jungen beschützt etc. Jesus nimmt das alles nicht auf.

> Die Welt Jesu ist männlich geprägt. Frauen spielen kaum eine Rolle.

Jesus blendet aber nicht nur die weibliche Dimension des Göttlichen aus, er zeigt auch in konkreten Situationen bisweilen wenig Wertschätzung für das andere Geschlecht. Einmal vergleicht er eine Frau, die ihn um ein Auferweckungswunder bittet, mit einem Hund (Mt 15,26) und verweigert zunächst das Wunder. In dieser Äußerung steckt natürlich auch ein Hauch von jüdischem Nationalismus, denn die Frau war ausländischer Herkunft. Doch als ein andermal ein fremder Mann um ein ähnliches Wunder bittet, kommt Jesus der Hundevergleich nicht in den Sinn (Mt 8,7), vielmehr ist er sofort zur Stelle und hilft.

Jesus kann Frauen gegenüber ignorant und schroff sein und hat dennoch offenbar einen in gewisser Weise offeneren Umgang mit Frauen gepflegt, als es die sozialen und religiösen Konventionen seiner Zeit verlangt hätten. Erinnerungen daran in den Texten zu finden, ist umso erstaunlicher und glaubwürdiger, wenn man bedenkt, dass die neutestamentlichen Schriften ausnahmslos von Männern und folglich aus einer männlichen Perspektive heraus verfasst wurden.

Trotzdem gibt es in den Evangelien eben auch die frauenfreundlichen Tendenzen. So geschehen fast alle Totenerweckungen zugunsten von Frauen. Keine Ausnahmen stellen hier die Auferweckung des einzigen Sohnes der Witwe von Nain (Lk 7,11-17) und des Lazarus dar, dem Bruder seiner Freundinnen Marta und Maria (Joh 11). Nur von Frauen wird berichtet, dass sie Jesus berühren, so etwa die blutflüssige Frau, oder die Sünderin, die ihn küsst und salbt, Maria, die Schwester des Lazarus, die ihn salbt und seine Füße mit ihrem Haar trocknet, und eine namenlose Frau, die ihm im Haus des aussätzigen Simon das Haupt salbt. Und nur von Frauen wird berichtet, dass sie die Jesusbewegung mit Spenden unterstützen (Lk 8,1-3). Frauen scheinen Jesus auch insofern besonders nah zu sein, als sie – wie auch er selbst – das Gebot befolgen, anderen zu dienen. Und tatsächlich scheint Jesus doch auch eine gewisse Sensibilität für die alltäglichen Probleme von Frauen zu haben, wenn er beispielsweise von der Geburt zur falschen Jahreszeit sagt: »Weh aber den Schwangeren und den Stillenden in jenen Tagen! Betet, dass es nicht im Winter geschehe!« (Mk 13,17-18)

Vor allem aber sind Frauen die ersten Zeuginnen der Auferstehung. Darin sind sich alle Evangelien einig, auch wenn sie sich im Detail unterscheiden: Das Matthäusevangelium nennt Maria von Magdala und eine weitere Maria (Mt 28,1), die das Grab leer vorfinden. Markus dagegen kennt Maria von Magdala, Maria, die Mutter des Jakobus sowie Salome (Mk 16,1) als erste Zeuginnen der Auferstehung. Bei Lukas heißt es schlicht »die Frauen« (Lk 24,1), und Johannes geht davon aus, dass Maria von Magdala dem auferstandenen Jesus als Erste begegnet ist (Joh 20,1).

> Frauen waren die ersten Zeuginnen der Auferstehung. Paulus leugnet dies.

Das sind jedoch nicht die einzigen Überlieferungen, die in den ersten Jahrzehnten des Christentums Verbreitung fanden. Nach den Auffassungen, die Paulus Anfang der 50er-Jahre, also 20 bis 30 Jahre vor der Entstehung der Evangelien, im ersten Korintherbrief verbreitet, haben (zunächst) nur Männer den Auferstandenen gesehen: zuerst Petrus, der mit seinem aramäischen Namen *kephas* bezeichnet wird, dann die Zwölf (der Verräter Judas war wohl noch dabei), dann fünfhundert Brüder und schließlich Jakobus (1 Kor 15,5-7).

Offensichtlich gab es in den ersten Tagen des Christentums nicht nur Erinnerungen an die positive Rolle von Frauen und die Zuwendung, die Jesus ihnen zuteilwerden ließ, sondern auch – schlussendlich ja leider erfolgreiche – Bemühungen, Frauen in eine unbedeutende Rolle zu drängen. In diesem Kontext lesen sich die Pauluszitate »Die Frau schweige in der Gemeinde« (1 Kor 14,34) oder »Es ist gut für den Mann, die Frau nicht anzurühren« (1 Kor 7,1). Doch nicht nur Paulus, auch viele apokryphe Evangelien sind in ihrer Ablehnung gegenüber den Frauen sehr deutlich. Und wenn man bedenkt, dass diese Texte auf einer ungefähr gleich alten Überlieferung basieren wie die kanonischen Evangelien, muss man wohl davon ausgehen, dass die Botschaft Jesu zumindest zwiespältig war.

Geradezu frauenfeindliche Texte finden sich zum Beispiel in den Schriften der Gnosis, einer Reihe von urchristlichen Strömungen, denen gemeinsam war, dass sie sich relativ früh als Gegenpol zur offiziellen Lehre der frühen Kirche positionierten und sich zum Teil – gerade in gebildeten Kreisen – großer Beliebtheit erfreuten. So unterschiedlich die gnostischen Gruppierungen im Detail waren, teilten sie doch ähnliche Grundüberzeugungen. Man glaubte an eine gute Gottheit, die durch Emanation, also durch »Ausstrahlung« oder »Verströmen« andere himmlische, aber auch minderwertige Wesen erschaffen habe. Zu diesen gehörte auch der Demiurg, der mit Hilfe der Archonten – dämonischer Wesen – sowohl die Welt als auch den Menschen erschuf, indem er Teile der emanierten Gottheit mit böser Materie vermischte. Die Erlösung von dieser Materie aber gelingt nur mit Hilfe der Gnosis

(Griechisch für: »Erkenntnis«) und einer Gestalt, die zu dieser Erlösung führt. Mit dem Ende des ersten Jahrhunderts wurde dann Jesus Christus mit dieser Erlösergestalt gleichgesetzt.

Einer der grundlegendsten Texte der Gnosis ist der so genannte *Dialog des Erlösers*, ein fragmentarisches Werk, das in koptischer Sprache überliefert und vermutlich in der zweiten Hälfte des ersten Jahrhunderts, also etwa zeitgleich mit den Evangelien, entstanden ist. Als Judas, der als Lieblingsjünger immer wieder Fragen an den Heiland stellen darf, nach der richtigen Art zu beten fragt, antwortet Jesus: »Betet dort, wo keine Frau ist«. Matthäus interpretiert daraufhin die Worte Jesu: »An dem Ort zu beten, wo keine Frau ist, bedeutet in der Tat, alle Werke der Weiblichkeit zu zerstören [...], sie sollen aufhören zu gebären«. Maria von Magdala, eine andere wichtige Figur in den gnostischen Texten, wendet mit einer gewissen Genugtuung ein, dass dies nur schwerlich möglich sein werde, worauf Judas die Aussage Jesu wiederholt: »Die Werke der Weiblichkeit werden verschwinden. [...] Wir sind bereit.« (DialErl 90-93). Im *Ägypterevangelium* wird gar eine aktive Rolle Jesu angenommen, der hier nämlich feierlich verkündet: »Ich bin gekommen, die Werke der Weiber aufzulösen, nämlich die Begierde. Sie werden vergehen!«

Durch und durch negativ wird alles Weibliche auch im *Buch des Thomas* aus dem vierten Jahrhundert gesehen: »Weh euch, die ihr den Verkehr mit der Weiblichkeit und die Unzucht mit ihr liebt!« (LibThom 144,8-10). Für einige Gnostiker war nämlich eine Frau nur (moralisch) gut, wenn sie sich weigerte, sich mit den

> Die frühchristlichen Texte zeichnen ein negatives Bild der Weiblichkeit.

Archonten zu paaren und ihnen Kinder zu gebären. Da es aber äußerst schwierig war, Archonten zu erkennen, empfahl es sich für Frauen, grundsätzlich sexuelle Enthaltsamkeit zu üben. Überhaupt hatte Sexualität nur einen einzigen legitimen Zweck, nämlich Gläubige zu zeugen, wie das *Ägypterevangelium* erklärt. Diese frauenfeindlichen Texte gipfeln in der Aussage des Petrus im letzten Vers des *Thomasevangeliums* (ThEv 114): »Die Frauen sind des Lebens nicht würdig.« Zu allem Übel stimmt ihm Jesus hier zu und kommentiert auch noch, dass es besser wäre, wenn Frauen Männer würden, denn nur so könnten sie ins Himmelreich gelangen. Kurz zuvor hatte Jesus, wie ihn das Thomasevangelium erinnert, erst in einem anderen Anfall von Frauenfeindlichkeit den Segensspruch für seine stillende Mutter aus dem Evangelium korrigiert: »Selig sind die Brüste, die keine Milch gegeben haben!«, erklärt er (ThEv 79).

Ist Jesus also ein Fürsprecher der Emanzipation, wie er in der modernen Theologie heute oft gesehen wird, oder ein übler Macho, der gerne mit anderen Männern sexistische Sprüche klopfte? Wir wissen es nicht. Jesus war definitiv ein Mann seiner Zeit, und wir können vermuten, dass es zu weit geht, in ihm einen frühen Prototyp machismofreier Männlichkeit zu sehen, den »ersten neuen Mann«, wie Autoren der Gegenwart meinen. Aber er hatte eben auch ein ausgeprägtes Empfinden für Unrecht und ungerechtfertigte Ausgrenzung, und dort auch für das Unrecht und die Ausgrenzung, die die Frauen in seiner Zeit erfuhren.

»Die Söhne des Reiches werden hinausgeworfen in die äußerste Finsternis!« (Mt 8,12)

Gutmensch oder Rassist?

Als sich in den 1960er-Jahren in den USA der Kampf für die Rechte der schwarzen Bevölkerung verschärfte, konnte man beobachten, dass sowohl die Vertreter des *Civil Rights Movement* um Martin Luther King, als auch ihre Gegner, der *Ku-Klux-Clan* und die sogenannten *W.A.S.P. (White Anglo-Saxon Protestants)*, die Bibel als Grundlage ihrer Argumentation verwendeten. Das Phänomen war nicht neu. Durch die gesamte Geschichte des Christentums hindurch hatte man biblische Texte dazu ge- bzw. missbraucht, die eigene politische Position zu rechtfertigen, und das führte eben auch immer wieder dazu, dass Gruppierungen mit gegensätzlichen Überzeugungen sich auf die eine Bibel beriefen. So auch bei der »Evangelisierung« Lateinamerikas, wo christlich-europäische Regenten im Namen Jesu Christi die Einheimischen zu Hunderttausenden ermordeten und unterdrückten, zugleich aber auch Missionare aus Europa eintrafen, die ebenfalls im Namen Jesu das Leben der indigenen Bevölkerung teilten, das Evangelium akkulturierten und sich nicht selten gegen die eigenen Landsleute auflehnten, um die Rechte der unterdrückten Einheimischen zu verteidigen.

Hat aber Jesus mit seinem Leben und Wirken wirklich die Voraussetzungen dafür geschaffen, dass ganz gegensätzliche Positionen und Haltungen sich auf ihn berufen können? Im Großen und Ganzen propagieren die christlichen Kirchen heutzutage das Bild von einem freundlichen, universalistisch-egalitär denkenden Jesus, einem klassischen »Gutmenschen« also, der für die Erlösung aller gestorben ist und in gewisser Weise über allen Konflikten und Widersprüchen thront.

Die historische Situation, in der Jesus lebte, war aber eine andere. Jesus war ein Jude aus Galiläa, darüber streitet man in der Wissenschaft schon lange nicht mehr, und als solcher teilte er im Wesentlichen die Meinungen, die zu dieser Zeit im Judentum Mainstream waren. Natürlich interpretierte er als Lehrer und Prediger das jüdische Gesetz, jedoch immer im Rahmen dessen, was damals üblich war. In den Jahrzehnten nach seinem Tod wurde seine Botschaft dann von Schülern an eine veränderte Situation angepasst.

Was die besondere Rolle des Volkes Israels in der Heilsgeschichte betraf, dürfte der historische Jesus also noch ganz ein Kind seiner Zeit gewesen sein. Jene Texte der Torah, die eine Vermischung mit fremden Völkern verboten bzw. sogar die Ausrottung dieser Völker bei der Eroberung des Landes vorsahen, waren Teil seiner religiösen Ausbildung und formten somit den kulturellen Hintergrund, vor dem Jesus heranwuchs. Nachwirkungen davon finden sich sogar heute noch im katholischen Gottesdienst, nämlich bei der Wandlung von Wein in Blut Christi. Dieses Ritual geht auf eine Begebenheit aus dem Exodusbuch zurück, wo es nach dem Auszug aus Ägypten zum Bundesschluss kommt (Ex 24). Gott schließt mit den Israeliten eine Art Vertrag und beauftragt Moses, ein Opfertier auszuwählen und sein Blut in einer Schüssel aufzufangen. Anschließend soll Mose die Urkunde des Bundes vor dem Volk verlesen, die Anwesenden mit dem Blut des Tieres besprengen und sagen: »Das ist das Blut des Bundes, den der Herr (also Gott) [...] mit euch geschlossen hat.« (Ex 24,8)

Das Lukasevangelium übernimmt diesen Wortlaut aus dem Exodusbuch, allerdings mit einer Anrede in der zweiten Person Plural: »Dieser Kelch ist der Neue Bund in meinem Blut, das für euch vergossen wird« (Lk 22,20). Im Matthäusevangelium und im Markusevangelium kommt es noch zu einer weiteren bedeutsamen Veränderung: Statt »für euch« steht nun »für viele« (Mt 26,27-28; Mk 14,23-24). Gerade dieses »für viele« – und nicht »für alle« – spiegelt möglicherweise ganz gut die Haltung Jesu wider, die vielfach in den Evangelien zum Vorschein kommt. Zu nennen sind hier vor allem jene Gleichnisse, die sich mit dem sogenannten Rest-Gedanken befassen: Die Jünger Jesu sollen Salz der Erde bzw. Sauerteig sein; es geht eben nicht um alle, sondern um einen Teil der Menschen. Und auch jene Stelle, wo Jesus den Jüngern einschärft, nicht auf den Straßen der Heiden zu predigen und keine Stadt der Samariter zu betreten, sondern vielmehr zu den verlorenen Schafen des Hauses Israel zu gehen (Mt 10,6), kann im Sinne einer eher diskriminierenden, wenn nicht gar als »ausländerfeindliche« und »nationalistische« Einstellung gedeutet werden.

> Die Botschaft Jesu richtet sich primär an seine jüdischen Zeitgenossen.

Eine eher verwirrende Episode ist auf diesem Hintergrund allerdings die Begegnung Jesu mit einer syrophönizischen Frau, also mit einer Griechin, die aus jüdischer Perspektive im »ausländischen« Gebiet um die Hafenstadt Tyros wohnt. Als sie um die Heilung ihres Kindes bittet, weist sie Jesus schroff zurück: »Lass zuerst die Kinder satt werden« – sagt er –, »denn es ist nicht gut, das Brot der Kinder zu nehmen und es den

Hündchen hinzuwerfen.« (Mk 7,27) In der Parallelstelle bei Matthäus wird das Verhalten Jesu noch einmal explizit gedeutet: »Ich bin nur zu den verlorenen Schafen des Hauses Israel gesandt.« (Mt 15,24)

Die ausländische Frau lässt aber nicht locker, sondern verwickelt Jesus in ein theologisches Gespräch. Dabei zeigt sich, dass sie die Schriften Israels kennt und wie ein Schriftgelehrter zu argumentieren versteht. Schlussendlich gelingt es ihr – als einzige Person übrigens in allen Evangelien –, Jesus im Hinblick auf ein Wunder umzustimmen. Die Grundeinstellung Jesu ist davon aber unbenommen: Die Frau – die symbolisch für die Nicht-Juden steht – wird mit einem Hund verglichen, einem unreinen Tier, das in den Augen Jesu an letzter Stelle der Wertigkeits-Skala steht. Jesus agiert nicht nur ablehnend, sondern auch beleidigend und diskriminierend. Der Vergleich mit kleinen Hunden – sprich die Verwendung der Verniedlichungsform – macht die Sache nicht besser.

Jesus befindet sich mit dieser Haltung im Einklang mit der damals üblichen Position strenggläubiger, konservativer Juden. Ein Teil von ihnen vertrat nämlich die nationalistischen Überzeugungen der Bücher Levitikus, Deuteronomium und Josua – gestützt durch einzelne Aussagen aus Jeremia, Jesaja und Joel –, wonach es zu keiner Vermischung mit anderen Völkern kommen dürfe bzw. sogar deren Zerstörung gefordert wurde. Andererseits gab es aber auch die Idee, Jerusalem als Haus für alle Völker zu verstehen – die sich dann allerdings zum Judentum hätten bekennen müssen – und den Tempel als Ziel einer universalen Pilgerfahrt zu betrachten.

> Jesus vertrat – wie in seiner Zeit üblich – nationalistische Positionen.

Ein Text aus dem apokryphen Buch *Enoch*, bekannt als »Die Tierapokalypse«, scheint sogar eine Perspektive der Rettung für alle Völker zu eröffnen (90,30-33): »Alle Vögel des Himmels versammelten sich im Haus des Herrn und der Herr der Schafe wurde von einer großen Freude erfüllt.« Eine ähnliche Aussage findet man auch bei Jesus, wenn er deklariert, dass »viele von Osten und Westen kommen und mit Abraham, Isaak und Jakob im Himmelreich zu Tisch sitzen werden« (Mt 8,11). Während an dieser Stelle die Frage offenbleiben muss, ob Jesus vielleicht doch nur an die Juden in der Diaspora dachte und die fremden Völker weiterhin ausschließen wollte, präzisiert das Lukasevangelium die Aussage in einem antijüdischen Sinn: »Dort wird Heulen und Zähneknirschen sein, wenn ihr seht, dass Abraham, Isaak und Jakob und alle Propheten im Reich Gottes sind, während ihr [gemeint sind die gerade anwesenden Juden] selbst aber ausgeschlossen seid« (Lk 13,28).

Gerade in solchen Passagen zeigt sich, wie die ursprüngliche Predigt Jesu, die im exklusiven Sinn zugunsten der Juden und insofern durchaus als »nationalistisch« zu verstehen war, durch die neutestamentlichen Autoren geradezu ins Gegenteil uminterpretiert wurde. Alle Evangelien sind nämlich nach der Zerstörung des Tempels im Jahre 70 n.Chr. verfasst. Dieses Ereignis wurde zu einem Scheidepunkt. Die Juden, die Jesus nachfolgten und um die sich eine große Zahl auch ursprünglich nichtjüdischer Anhänger gesammelt hatte, und die Juden, die Jesus als Messias ablehnten, trennten sich voneinander. Aus einer jüdischen Bewegung entstand das Christentum, dass sich gegen seinen Ursprung profilierte. Ab dem zweiten Jahrhundert belegen christlichen Texte Ansätze einer später als »Substitutionstheologie« bezeichneten theologischen Richtung. Für die Vertreter dieses Denkens, hatten »die Juden« das Heil verloren und den Anspruch, das erwählte Volk zu sein, verwirkt, weil sie Jesus als den Messias nicht erkannt und anerkannt hatten. Von nun an ersetzte die christliche Kirche die Juden als das erwählte Volk Gottes.

Eine derartige Einstellung war dem Juden Jesus mit Sicherheit fremd. Trotzdem hatten die biblischen Autoren natürlich Interesse, der eigenen Position durch den Bezug auf Jesus Autorität zu verschaffen. Also legte man ihm kurzum judenfeindliche Aussagen in den Mund. Oder aber man schob den Juden den sprichwörtlichen schwarzen Peter zu. Ein erstes solches Beispiel findet man bereits im ersten Brief an die Thessalonicher, den Paulus noch in den 50er-Jahren verfasste: Er behauptet darin, dass die Juden »sowohl den Herrn Jesus als auch die Propheten getötet und uns verfolgt haben und Gott nicht gefallen und allen Menschen feindlich sind« (1 Thess 2,15-16).

Der Vorwurf der Menschenfeindlichkeit, wird später als typisch antisemitischer Topos immer wieder auftauchen. In den Evangelien kommt die Vorstellung, die Juden hätten Propheten getötet, an unterschiedlichen Stellen vor und dient dazu, die Pharisäer (Mt 23,29) bzw. die Juden allgemein (Mt 23,37) zu verunglimpfen. Auf was für eine Grundlage man sich dabei beruft, bleibt unklar. Denn im gesamten Alten Testament gibt es keine einzige Erzählung von der Tötung eines Propheten. Ähnliches gilt für das bekannte Gleichnis von den Weingärtnern, das in allen drei synoptischen Evangelien erzählt wird (Mt 21,33-46; Mk 12,1-12; Lk 20,9-19). Die Weingärtner – ein Bild für die Juden – entscheiden, den Erben – also Jesus – zu ermorden, aber der Herr des Weinbergs – alias Gott – wird kommen, die Weingärtner töten und den Weinberg anderen anvertrauen. Auf diese Weise kommt bildlich die Idee zum Ausdruck, dass Israel durch eigenes Fehlverhalten seinen Status der Erwählung verloren hat und dieser auf das neue Gottesvolk – die Christen – übergegangen sei. Ein solches Denken dem historischen Jesus zuschreiben zu wollen ist absurd, denn es spiegelt gerade nicht die tatsächliche Situation seiner Zeit, sondern das Denken der frühen Kirche einige Generationen später.

Angesichts der langen negativen Wirkungsgeschichte des christlich motivierten Antijudaismus sind solche Texte aus heutiger Sicht als äußerst problematisch zu bewerten. Ähnlich wie die universalistischen Texte, also jene, die dazu ermuntern, die ganze Welt zu missionieren und zu taufen (Mk 16,15-16; Mt 28,19-20), gehen sie ganz sicher nicht auf Jesus zurück. Jesus selbst war vermutlich eher kein »Gutmensch«, sondern tendenziell »nationalistisch« bzw. »fremdenfeindlich« angehaucht und möglicherweise gar nicht interessiert, mit seiner Botschaft die ganze Welt anzusprechen. Er konzentrierte sich vielmehr auf die Rettung seines Volkes und das waren eben die Juden. Erst später begann die von ihm gegründete Bewegung, die Mission außerhalb des Volkes Israels als eine logische Erweiterung des Auftrags Jesu zu sehen, und erfand im Zuge dessen einerseits den Jesus »für alle«, andererseits sogar den Jesus »gegen die Juden«.

> Texte, die alle Menschen zur Taufe einladen, sind eine Erfindung der frühen Kirche.

»Bringt das gemästete Kalb her und schlachtet es, und lasst uns essen und fröhlich sein!« (Lk 15,23)

Tierrechtsaktivist *avant la lettre*?

Ab den 1960er-Jahren häuften sich im Zusammenhang mit der *green Revolution* Publikationen, die in Jesus einen Vegetarier und zum Teil auch einen Antialkoholiker sahen. Dabei wurden die abenteuerlichsten Theorien formuliert, um die Texte der kanonischen Evangelien umzudeuten, die de facto von häufigen feuchtfröhlichen Festgelagen mit ausuferndem Wein- und Fleischkonsum berichten. Inspiriert wurden die Vertreter dieser Position vor allem von einem protestantischen Pfarrer aus Irland namens Gideon Jasper Richard Ouseley. Der war nach Auseinandersetzungen mit seiner ursprünglichen Glaubensgemeinschaft zur *Catholic Apostolic Church* übergetreten und hatte 1901 nach einem angeblichen Offenbarungserlebnis das *Evangelium vom vollkommenen Leben* veröffentlicht. Er behauptete, das Werk sei eine wortgetreue Übersetzung aramäischer Originaltexte, die in den Geheimarchiven des Vatikans verborgen gehalten würden. Dass Ouseley die aramäische Sprache nicht beherrschte und bei antiken Autoren keinerlei Spuren seiner angeblichen Originalquellen zu finden war, störte seine Anhänger nicht. Denjenigen, die eine Überprüfung des Originalmaterials forderten, begegnete Ouseley schlicht und entschieden mit einem klassischen Totschlagargument.

In einem Interview sagte er: »Es ist eine ungläubige und verdorbene Generation, wie sie früher war, die nach Zeichen und greifbaren Beweisen verlangt. [...] Selbst, wenn die wahren Schreiber des aramäischen Originals von den Toten auferstehen und ihre Urheberschaft bezeugen würden, würden die ungläubigen Kritiker in ihrer Verstocktheit immer noch nach weiteren Zeichen verlangen [...]«. Der Jesus von Ouseley jedenfalls erweist sich in dem wie auch immer »entdeckten« neuen Evangelium als eine Art Mischwesen, das Elemente der kanonischen Evangelien, der Apokryphen – vor allem der fragmentarisch erhaltenen Evangelien der Ebioniten und der Nazoräer – und der Fantasie in sich vereinigt. Der irische Priester hatte nämlich irgendwann begonnen, auf Alkohol, Tabak und Fleisch zu verzichten, und war davon überzeugt, dass auch Jesus ein ähnlich asketisches Leben geführt haben müsse. Im *Evangelium vom vollkommenen Leben* verbringt der Messias viel Zeit in der ägyptischen Wüste, wo er die Sprache der Tiere und der Vögel lernt. Nach seiner Rückkehr nach Palästina setzt er sich – gewissermaßen als Tierrechtsaktivist *avant la lettre* – für sie ein. Schon als Kind soll der kleine Jesus gefangene Spatzen befreit haben, als Erwachsener lebte er vegetarisch und bekämpfte das Tieropfer, das damals das wichtigste Ritual der jüdischen Religion darstellte.

> Das Bild von Jesus als Vegetarier und Antialkoholiker ist historisch falsch.

Wie Ouseley ließen sich auch eine Reihe anderer moderner Autoren von ihrem Wunschdenken leiten und lieferten abenteuerliche Erklärungen, um aus dem historischen Jesus einen tierlieben Vegetarier zu machen. So wird zwar das Wunder der Brot- und Fisch-

vermehrung als historisch akzeptiert, aber der Fisch

durfte natürlich kein Fisch mehr sein, sondern ein knödelartiges Algengericht. Und was das Letzte Abendmahl betrifft, bei dem die Jünger der Tradition entsprechend ein Paschalamm verzehrt haben (Mk 14,14; Lk 22,11), wird zwar die Frage nach dem Raum historisch (korrekt) wiedergegeben, aber das Essen wird einfach als normales Abendessen ohne Fleisch uminterpretiert. Auch hier bietet Ouseley eine interessante Variante der Geschichte an. Ihm zufolge entscheidet Judas, Jesus zu verraten, geht zum Hohenpriester Kajaphas und beklagt sich, dass er als Verwalter der Gemeinschaftskasse zwar ein Lamm für das Passahmahl gekauft habe, Jesus sich aber geweigert habe, es zu schlachten, und das höchste Fest des Judentums ohne das traditionelle Opfertier gefeiert habe. Daraufhin »zerriss Kajaphas seine Kleider und sagte: Wahrlich, dies ist kein Passah nach dem Gesetz des Moses. Er hat eine Tat begangen, die des Todes würdig ist.«

Die (vermeintliche) Tierliebe Jesu ist in dieser Version des Evangeliums keine Nebensächlichkeit, sondern der eigentliche Grund für seine Hinrichtung. Das ist natürlich nur eine fantasievolle Erfindung von Gideon Ouseley, doch auch im *Ebioniterevangelium*, einer Schrift aus dem späten zweiten Jahrhundert, findet man eine Erzählung, die mit dem Passahlamm zu tun hat. Dort erklärt Jesus öffentlich, er sei gekommen, um das Tieropfer abzuschaffen, und stellt in diesem Kontext die rhetorische – hier also mit »Nein« zu beantwortende – Frage: »Begehre ich, an diesem Passahfest mit euch Fleisch zu essen?« Epiphanius, der christliche Bischof, der dieses Zitat in seinem Werk *Panarion omnium haeresium* (Arzneikasten gegen alle Häresien 30,22,4) überliefert hat, ist sich aber gerade darum sicher, dass die Ebioniter Ketzer sind, denn »Passah ist [immer] Fleischbraten und der Rest«. Vegetarismus war für ihn also eine Frage des richtigen Kultes und nicht der persönlichen Überzeugung.

Wenn man die fantasievollen Texte von Ouseley beiseitelässt und sich den kanonischen Evangelien zuwendet, wird schnell klar, dass die Beziehung Jesu zu den Tieren alles andere als romantisch war. Tiere sind in den Evangelien an vielen Stellen sehr präsent: Ziegen, Schafe, Wölfe und viele mehr. Tauben, Schlangen und Schafen wird von Jesus sogar eine Vorbildfunktion zugeschrieben (Mt 10,16; Lk 10,3), Fische dagegen haben nicht nur eine symbolische Bedeutung, sondern prägten ganz konkret das Leben der Fischer Petrus, Andreas, Jakobus und Johannes, die Jesus von Anfang an folgten. Nutztiere haben in der jesuanischen Gesetzesauslegung interessanterweise einen hohen sozialen Stellenwert, was sich daran zeigt, dass sogar das wichtige Sabbatgebot vorübergehend außer Kraft gesetzt werden kann, um ein in einen Brunnen gefallenes Tier zu retten (Lk 14,5) oder ein durstiges Tier zu tränken (Lk 13,15).

> Die Lehre Jesu stellt den Menschen in den Mittelpunkt, Tiere spielen keine Rolle.

Dennoch bleibt der Fokus Jesu eindeutig auf den Menschen gerichtet. So beginnt die wohl wichtigste Rede Jesu, die Bergpredigt, mit den berühmten Seligpreisungen zwar mit den Vögeln des Himmels, macht sie aber nicht zum Thema. »Seht die Vögel des Himmels«, heißt es, »sie säen nicht, sie ernten nicht, sie sammeln nicht in Scheunen, und euer Vater im Himmel ernährt sie.« (Mt 6,26) Ein Bild, das zunächst auf eine große Wertschätzung für nichtmenschliche Tiere hinweist. Doch leider kommt es anders. Denn gleich darauf fragt Jesus seine Zuhörer: »Seid ihr nicht viel mehr wert als sie?« Die Vögel haben also nur Eingang in das Gleichnis gefunden, um die Sonderstellung des Menschen hervorzuheben. Der Mensch steht klar im Mittelpunkt der Botschaft Jesu. Insofern ist es auch kein Problem, dass, als zur Feier der Rückkehr des verlorenen Sohnes ein großes Fest gefeiert wird, bei dem der Vater – der im Gleichnis für Gott steht – ein Mastkalb auftischt. Als der ältere Bruder nach Hause kommt, beklagt er sich, dass er nie ein Zicklein schlachten durfte, um mit seinen Freunden zu feiern. Natürlich geht es auf der theologischen Ebene um die Beziehung zwischen den Brüdern und ihrem Vater. Dennoch zeigt sich einmal mehr: Für Jesus gehört Essen von Tieren selbstverständlich zu einer gelungenen Feier dazu.

Nicht nur in den Gleichnissen ist Jesus weit davon entfernt, ein Tierliebhaber und Kämpfer für Tierrecht zu sein. So berichtet das Markusevangelium, dass er zwei Menschen von zahlreichen Dämonen befreit und diese in eine Herde von 2.000 Schweinen einfahren lässt. Diese stürzen sich daraufhin einen Abhang hinunter und ertrinken im See unterhalb des Abhangs (Mk 5,13). Den Menschen wurde geholfen, die von den Dämonen befallenen Schweine jedoch müssen sterben?

Und auch nach der Auferstehung wird die Sache nicht besser. Jesus besucht einige seiner Jünger. Da sie hungrig sind, aber noch keinen Fisch gefangen haben, wirkt Jesus am Ufer des Sees Genezareth in Galiläa kurzerhand ein Wunder. Dank seiner göttlichen Superkräfte geht den Jüngern eine gewaltige Menge an Fisch ins Netz, allein 153 große Fische werden noch am Ufer gebraten (Joh 21,11). Die Mengenangaben sind wohl bewusst übertrieben, um die Großartigkeit des Wunders zu unterstreichen. Auf jeden Fall hat Jesus weit mehr Essen herbeigezaubert, als eine achtköpfige Gruppe braucht, um satt zu werden. Was mit den überzähligen Fischen geschieht, interessiert Jesus und seine Freunde nicht. Wahrscheinlich hat man sie zum Verfaulen am Ufer zurückgelassen. Respekt vor dem Leben nichtmenschlicher Tiere sieht jedenfalls anders aus. Später konnte man, als sich das Christentum vom Judentum trennte, auch sozusagen die Speisekarte erweitern. Die Apostelgesichte erzählt, dass Jesus, als er bereits in den Himmel aufgefahren ist, dem Petrus im Traum erscheint, um dreimal hintereinander sogar die Tiere zum Schlachten und Essen freizugeben, die den Juden als unrein galten. »Schlachte und iss!«, lautet die unmissverständliche Aufforderung des Herrn an den ersten Papst, der als guter Jude eigentlich keine unreinen Tiere essen wollte (Apg 10,13), nun aber, da das Christentum auch in der Welt der Nichtjuden, die keine Lust hatten, sich an die jüdischen Speisegesetze zu halten, Ausbreitung fand, gerade dazu aufgefordert wird.

> Auch nach seiner Auferstehung tötet Jesus Tiere und isst Fleisch.

Eine Episode allerdings scheint Jesus dann doch als engagierten Tierschützer auszuweisen. Das Johannesevangelium berichtet nämlich, dass er die Verkäufer von Ochsen, Schafen und Tauben aus dem Tempel treibt (Joh 2,13-16), in den anderen drei Evangelien findet man die Erzählung sehr ähnlich, allerdings werden hier nur Tauben genannt. Hier wenigstens scheint sich Jesus also für die Opfertiere einzusetzen, die im Jerusalemer Tempel in großer Zahl verkauft und geschlachtet wurden. Nur leider ist dem nicht so: Jesus schlägt, scheucht und jagt nämlich nicht nur die Händler, sondern auch Schafe und Rinder aus dem Tempelvorhof (Joh 2,15). Für die Tiere ist das keine Befreiung, sondern bedeutete, dass sie in Panik die langen und steilen Treppen zum Tempelbezirk hinuntergerannt sein müssen. Stürze und Verletzungen werden dabei nicht ausgeblieben sein.

Im Hinblick auf sein Verhältnis zu den Tieren ist der Befund aus den alten Quellen also ziemlich eindeutig: Jesus wollte keine Tiere erlösen, sondern Menschen. Er unternahm keine Anstalten, ihr Leben zu schützen, und war daher mit Sicherheit alles andere als ein Tierrechtsaktivist *avant la lettre*.

Da schnaubte er tief auf und sagte: »Was fordert diese Generation ein Zeichen?« (Mk 8,12)

Ein unmotivierter Wundertäter

Die ersten Christen sahen in den Wundertaten Jesu, wie sie in den Evangelien überliefert sind, einen eindeutigen Beweis für seine Göttlichkeit. Doch schon ihre Zeitgenossen betrachteten die Wundertätigkeit Jesu eher kritisch. Anders als heute in einer Welt, in der die meisten Menschen davon ausgehen, dass nur naturwissenschaftlich erklärbare Vorgänge als real gelten können, war für die Menschen von damals nicht so sehr die Glaubwürdigkeit der Wundererzählungen das Problem, sondern – erstaunlicherweise – der überschaubare Output des Wanderpredigers. Charismatische Persönlichkeiten, die Wunder wirkten und Anhänger um sich scharten, gab es damals nämlich zuhauf. Heilungen und Dämonenaustreibungen waren zur Zeit Jesu nichts Besonderes, und so schreibt Kelsos, ein kritischer Philosoph des zweiten Jahrhunderts, in seinem Hauptwerk *Alethés lógos* (Die wahre Lehre) ganz unverblümt: »Nehmen wir aber an, er [Jesus] habe diese Wunder vollbracht, [...] er habe Kranke geheilt, Tote auferweckt und [...] eine große Menge gespeist: Es gibt andere Wundertäter, die für wenig Geld noch größere Wunder anbieten: Sie treiben Dämonen aus, blasen Krankheiten weg, beschwören die Seelen von Helden, zeigen kostbare Speisen [...], die es gar nicht gibt [...]. Wenn diese Leute solche Dinge tun können, müssen wir sie dann auch für Söhne Gottes halten?«

Einige moderne Bibelausleger haben die Wunder Jesu als erfundene Mythen abgetan und sich bemüht, plausible Erklärungen für die in der Bibel beschriebenen Phänomene zu finden. Dass im Evangelium erzählt wird, dass Jesus auf dem Wasser gehe, deuteten sie als einen Spaziergang am Ufer des Sees. Es sei neblig gewesen und Jesus müsse über im Wasser liegende Bauhölzer gegangen sein, weshalb die Jünger ihn für einen Geist hielten. Dass Jesus in der Geschichte von der Sturmstillung offenbar Macht über die Elemente Wasser und Luft hatte, wird zum Zufall erklärt: Jesus habe genau in dem Moment, als der Sturm sich legte bzw. sich ohnehin gelegt hätte, dem Wind befohlen, sich zu beruhigen. Und die Brotvermehrung sei zustande gekommen, weil auf die Predigt Jesu hin, alle Zuhörenden angefangen hätten, die mitgebrachten Vorräte mit denen zu teilen, die selbst nichts zu essen dabeihatten.

> Die von Jesus gewirkten Wunder wurden oft als Mythen abgetan.

Der Friedensnobelpreisträger Albert Schweizer, der der Nachwelt wegen seiner langjährigen Tätigkeit als Arzt in einem von ihm gegründeten Hospital in Gabun vor allem als »Urwalddoktor« in Erinnerung ist, war auch Professor der Theologie. Er veröffentlichte Anfang des 20. Jahrhunderts ein wissenschaftliches Werk über die Geschichte der Leben-Jesu-Forschung. Über die angeblichen Auferweckungswunder Jesu machte er sich im Grunde lustig. Er meinte, Jesu Leistung habe darin bestanden, Menschen davor bewahrt zu haben, lebendig begraben zu werden. Nun legen aber die Evangelien selbst großen Wert darauf zu zeigen, dass die

Toten tatsächlich tot und nicht nur scheintot waren. So kommt Jesus im Markusevangelium erst in das Haus des Hauptmanns, als dessen Tochter bereits gestorben ist (Mk 5,35), und in der Geschichte der Auferweckung des Lazarus wird mehrfach betont, dass der Verwesungsprozess des Leichnams schon eingesetzt habe (Joh 11,4-7.17.39). Dass der Vorwurf, Jesus habe nur Scheintote »auferweckt«, diesen treffen würde, war denen, die die Evangelien verfassten, also sehr bewusst.

Die vier kanonischen Evangelien berichten von insgesamt 34 Wundern Jesu, weisen aber auch darauf hin, dass nur diese aufgezeichnet wurden und es tatsächlich weit mehr gewesen seien (Joh 20,30-31). Von den meisten Wundergeschichten gibt es zwei oder sogar drei verschiedene Versionen, wobei das Markusevangelium den anderen drei Evangelien in der Regel als Vorlage dient. Nur die wunderbare Speisung der 5.000 und die Heilung des Dieners des Hohenpriesters, dem Petrus bei der Gefangennahme Jesu ein Ohr abschlägt, kommen in allen vier Evangelien gleichlautend vor. Darüber hinaus enthält jedes Evangelium Erzählungen, die die anderen nicht kennen. So findet sich zum Beispiel das Weinwunder bei der Hochzeit zu Kana nur im Johannesevangelium (Joh 2) und dass Jesus eine Münze im Mund eines Fisches findet, mit der er und Petrus ihre Steuern bezahlen können, wird ausschließlich im Matthäusevangelium berichtet (Mt 17,24-27).

Um Ordnung in die Fülle der Wundererzählungen zu bringen, teilt die biblische Exegese diese in zwei Gruppen ein: Heilungen und Naturwunder. Zu den Heilungen zählen auch Exorzismen, also Teufelsaustreibungen, sowie Totenerweckungen. Naturwunder sind dann irgendwie alle anderen Wunder: von der Verklärung

Jesu bis zum Wandel auf dem Meer oder dem wunderbaren Fischfang. Insgesamt kommen in den Evangelien 15 Heilungen, sieben Dämonenaustreibungen, drei Totenerweckungen und neun Naturwunder vor. Die Apokryphen dagegen kennen wesentlich mehr Wunder, vor allem aber berichten sie von magischen Kräften Jesu, die auch ohne sein bewusstes Zutun wirken. Schon als Baby heilt er – folgt man dem Text des *Protoevangeliums des Jakobus* (PrJaK 18-20) – die Hand jener Hebamme, die bestraft wurde, weil sie mit ihrem Finger kontrollieren wollte, ob Maria wirklich jungfräulich entbunden hatte.

Das *Arabische Kindheitsevangelium*, eine relativ ausführliche, vermutlich aus dem sechsten Jahrhundert stammende Darstellung der Kindheit Jesu in syrischer Sprache, erzählt von zahlreichen weiteren durch magische Kräfte bewirkten Ereignissen. So sollen die Windeln Jesu unzerstörbar gewesen sein, selbst wenn sie ins Feuer geworfen wurden, bzw. das Badewasser Jesu vermochte aussätzige, kranke und blinde Kinder zu heilen. Als Erwachsener konnte Jesus im Jordan säen und reiche Ernte einfahren, und die apokryphen *Pilatusakten* am Beginn des sogenannten *Nikodemusevangeliums* (4. Jh.) erzählen, dass sich die Bilder des Kaisers auf den Standarten der römischen Garnison vor ihm verbeugt hätten, als man Jesus Pilatus vorführte. Aber in den Apokryphen wird auch von Wundern erzählt, die den in den kanonischen Texten überlieferten ganz ähnlich sind. Allerdings klingt hier alles noch ein wenig fantastischer. Man war offenbar gerade in den späteren Texten sehr darum bemüht, an der göttlichen Sendung Jesu keinen Zweifel aufkommen zu

Im Neuen Testament wirkt Jesus nur 34 Wunder, in den Apokryphen mehr.

lassen bzw. ihn klar als Sohn Gottes auszuweisen. Das Staunen über seine außergewöhnlichen Taten sollte unmittelbar zum Glauben führen.

Gerade das steht in einem auffallenden Gegensatz zum Auftreten Jesu in den kanonischen Texten. Der biblische Jesus will offenbar gerade keine Sensation auslösen. Oft verbietet er sogar, von den Wundern zu erzählen; denn er will nicht, dass diese als Beweis seiner Macht (miss)verstanden werden. Als einmal eine Frau in der Überzeugung zu ihm kommt, sie müsse ihn nur berühren, um quasi magisch geheilt zu werden, nimmt er sich nach der ohne sein bewusstes Zutun erfolgten Heilung die Zeit, ihr zu erklären, dass sie nicht durch Magie, sondern durch ihren eigenen Glauben gesund geworden ist (Mk 5,25-34). In diesem Punkt sind sich die kanonischen Evangelien ganz einig: Was Jesus tut, wenn er Wunder wirkt, ist keine Zauberei. Er ist nicht vergleichbar mit den Wundertätern der griechischen Tradition, wie Orpheus, Abaris, Melampus, Epimenedes oder Aristeas, die allerlei Wunderliches vermochten und z.B. auch die Sprache der Tiere verstehen konnten. Jesus ist auch nicht wie Pythagoras, der nicht nur den berühmten Satz »$a^2 + b^2 = c^2$« formulierte, sondern angeblich ebenso fliegen und sich an mehreren Orten zugleich aufhalten konnte.

Am ehesten gibt es Parallelen zwischen ihm und Apollonius von Tyana, der angeblich um 120 n.Chr. starb und im dritten Jahrhundert zum Protagonisten eines Romans des griechischen Schriftstellers und Philosophen Philostratos wurde. Apollonius wirkte Wunder und war ein Seher. Von ihm werden Exorzismen, eine Seuchenheilung und auch eine Totenerweckung berichtet (Vita Appollonii 4,45). Dabei kann es gut sein, dass seine Gestalt angesichts der zunehmenden Verbreitung des Christentums im dritten Jahrhundert bewusst als heidnischer Konkurrent zu Jesus stilisiert wurde und daher die Überlieferung nicht viel mit den Taten des historischen Apollonius gemein hat.

Im Judentum sind noch zwei weitere Persönlichkeiten bekannt, die als Wunder-Charismatiker galten. Vom ersten, einem gewissen Choni, dem Kreiszieher, wird nur ein Wunder berichtet. Er wurde nach Josephus (Antiquitates Judaicae 14,22-24) im Jahre 65 v.Chr. gesteinigt, weil er sich geweigert hatte, einen Schadenzauber auszuführen. Wie Jesus nannte er Gott »Abba«, also Vater. Der zweite Wundertäter lebte kurz nach Jesus und hieß Chanina ben Dosa. Er war ein Rabbi aus Galiläa und wurde – zumindest laut Talmud – von Gott »mein Sohn« genannt (Traktat Ta'anit 3,8). Sein berühmtestes Wunder war die Selbstheilung nach einem Schlangenbiss, die einer Paulus betreffenden Begebenheit auf der Insel Malta sehr ähnlich ist (Apg 28). Wie im Fall des Paulus hatte der Schlangenbiss für Chanina nämlich keine negativen Folgen, die Schlange allerdings starb kurze Zeit später.

Obwohl die Evangelien von anderen Personen berichten, die Dämonenaustreibungen durchgeführt haben (Mt 12,27; Lk 11,19), sind die antiken Quellen mit Beschreibungen dieser Art sehr sparsam. In den jüdischen Quellen ist nur ein namenloser Exorzist bekannt. Flavius Josephus beschreibt dessen Tätigkeit im achten Buch der *Jüdischen Altertümer* und meint, er habe mit Hilfe eines magischen Ringes einen Dämon aus der Nase eines Menschen vertrieben.

Wenn man den Befund auswertet, muss man konstatieren, dass sich Jesus – auch wenn das von vielen Bibelwissenschaftlern und Historikern versucht wurde – nicht wirklich in eine Reihe mit zahlreichen anderen Wundertätern stellen lässt.

Er hält sich nämlich einerseits mit seinem Wunderwirken eher zurück, wirkt oft unmotiviert und will nicht, dass über seine zauberhaften Erfolge gesprochen wird. Das Markusevangelium sowie – ihm folgend – die anderen Synoptiker überliefern mehrfach den Befehl Jesu an ausgetriebene Dämonen und Augenzeugen seiner Wunder, Jünger und Geheilte, das, was sie gesehen haben, niemandem zu erzählen (Mk 1,44; 7,36; 9,9). Oftmals muss Jesus immer wieder gebeten bzw. regelrecht angefleht und überredet werden, ein Wunder zu wirken. Bei seiner Gefangennahme erklärt er sogar, dass er absichtlich auf ein Rettungswunder verzichte; denn Gott hätte ihm ohne Weiteres zwölf Legionen Engel geschickt (Mt 26,53), um ihn zu befreien. Einmal ist Jesus sogar richtig genervt, weil die Menschen ständig Wunder von ihm sehen wollen: »Da schnaubte er tief und sagte: Was verlangt dieses Geschlecht für ein Zeichen? Amen, das sage ich euch: Diesem Geschlecht soll kein Zeichen gegeben werden« (Mk 8,12). Und das Matthäusevangelium fügt hinzu: »Und er verließ sie und ging weg« (Mt 16,4).

Anstatt auf seine Superkräfte stolz zu sein, vielleicht sogar mit ihnen zu prahlen und sich damit in die Tradition ähnlich begabter antiker Lichtgestalten zu stellen, scheinen die kanonischen Quellen eine Erinnerung daran zu bewahren, dass Jesus sein wundersames Talent oder die Erwartung der Menschen an sein Talent

> Jesus wirkte ungern Wunder. Bei seiner Gefangennahme verzichtete er darauf.

oftmals selbst zuwider war. Möglicherweise hat diese Darstellung in den neutestamentlichen Schriften auch damit zu tun, dass der im Judentum erwartete Messias nirgendwo in den alten Prophezeiungen als Wundertäter beschrieben wird und man sich daher bewusst von einer Fokussierung auf sein Wunderhandeln distanzieren wollte. Oder der Unmut sagt etwas über den historischen Jesus aus. Vielleicht fühlte er sich missverstanden, wenn ihm die Menschen nicht wirklich zuhörten, sondern ihn lediglich auf seine »Superwunderkräfte« reduzierten.

Und sofort nötigte er seine Jünger, in das Boot zu steigen. (Mk 6,45)

Messias auf der Überholspur

In der ikonographischen Darstellung Jesu sind die Kreuzigung und die Geburt die am häufigsten abgebildeten Ereignisse. Gleich danach folgen Szenen, in denen Jesus unter einem Baum oder auf einem Hügel, manchmal auch am Ufer eines Sees sitzt bzw. steht, umgeben von einer Gruppe von Menschen, die andächtig seinen Worten lauschen. Jesus strahlt dabei Besonnenheit, Gelassenheit und vor allem innere Ruhe aus. Diese Eigenschaften prägen in der allgemeinen Vorstellung sein Wirken und seine Lehren, weshalb auch aus den biblischen Erzählungen vor allem die Episoden hervorgehoben werden, in denen Jesus angesichts von Herausforderungen und Konflikten ruhig und gelassen bleibt. Selbst als er festgenommen, verhört, gefoltert und schließlich gekreuzigt wird, reagiert er gefasst und so, als könne nichts seinen inneren Frieden erschüttern. Seine große Gelassenheit im Hinblick auf das Streben nach materiellen Gütern und der Umgang mit – auch widrigen – äußeren Umständen zeugt, so die allgemeine Überzeugung, von einer tiefen Verbundenheit mit Gott. Damit galt er den Gläubigen über 2.000 Jahre Kirchengeschichte hindurch als Vorbild, dem es nicht nur in puncto Frömmigkeit, sondern auch mit Blick auf Ruhe und Ausgeglichenheit nachzueifern galt. Doch woher kommt dieser Eindruck eigentlich?

Nimmt man die Texte der Evangelien beim Wort, drängt sich eher die Vermutung auf, der Messias habe sein Leben – oder zumindest die Zeit seines öffentlichen Wirkens – auf der Überholspur verbracht. Jesus verhält sich außer in einzelnen Ausnahmesituationen alles andere als ruhig und gelassen. Er wirkt vielmehr unausgeglichen und gehetzt, wie einer, der unter Dauerstress steht.

Interessant ist, dass sein Handeln – vor allem im Markusevangelium – oft mit dem Wort *euthýs* in Verbindung gebracht wird, was im Griechischen »schnell«, »sofort«, aber auch »hastig«, »fieberhaft«, »ungestüm« oder »gestresst« bedeutet. Im ältesten Evangelium, also in der ältesten Biografie Jesu, kommt das Wort allein im ersten Kapitel zwölfmal vor. Der Text spart nämlich die Kindheitsgeschichte aus und beginnt direkt mit dem öffentlichen Auftreten des Messias, der sich zunächst von seinem Großcousin Johannes taufen lässt. Die Stimmung am Jordan ist an diesem Tag alles andere als beschaulich, der Ort vielmehr überfüllt. Denn es ist eine große Menschenmenge zugegen. Die Leute wollen sich entweder selbst taufen lassen oder sind einfach als Schaulustige anwesend.

Jesus handelt *euthýs*, was »sofort« oder auch »ungestüm« bedeutet.

Johannes ist also dabei, die Wege des Herrn schnell (*euthýs*) zu bereiten (Mk 1,3), als Jesus zu ihm kommt und getauft werden will. Nach dem Ritual steigt er aus dem Wasser und schnell oder auch unmittelbar (*euthýs*) kommt der Geist in Gestalt einer Taube über ihn (Mk 1,10). Auch nach diesem einschneidenden Ereignis bleibt Jesus und den Anhängern des Johannes wohl nicht viel Zeit, das Geschehene zu verarbeiten, denn blitzschnell (*euthýs*) führt der Geist Jesus in die Wüste (Mk 1,18). In der Wüste scheint sich das Leben Jesu zunächst ein wenig zu entschleunigen. Denn immerhin bleibt er vierzig Tage dort. Doch der Text gibt einmal mehr keinen Hinweis auf Ruhe, Besinnung oder gar Gebet. Denn Jesus wird vom Satan versucht, von wilden Tieren umzingelt und von Engeln beschützt.

Natürlich sind diese Wüstenabenteuer hoch symbolisch aufgeladen. Die Wüste ist für die Menschen damals traditionell der Ort der Versuchung, wie im alttestamentlichen Buch Numeri mehrfach beschrieben wird, aber auch der Ort der Liebe, orientiert man sich am Propheten Hosea. Allein schon die Zahl 40 hat eine wichtige symbolische Funktion: 40 Jahre lang musste das Volk Israel in der Wüste ausharren, Jesus dagegen werden »nur« 40 Tage in der Wüste zugestanden. Es scheint also auch hier Eile geboten, die im Folgenden dann ganz offensichtlich zutage tritt. Denn nach dem Wüstenaufenthalt beginnt Jesus, öffentlich aufzutreten, und auch wenn sich die Exegeten nicht ganz einig darüber sind, wie lange genau Jesus predigend umherzog, ist man sich doch darin einig, dass diese Zeitspanne in seinem Leben nicht besonders ausgedehnt gewesen sein kann. Schon Irenäus, Bischof von Lyon im zweiten Jahrhundert, schreibt, dass Jesus nur ein knappes Jahr von der Berufung der ersten Jünger bis zu seiner Kreuzigung aktiv war, eine Einschätzung, die auch heute noch weitgehend geteilt wird.

Kein Wunder also, dass diese kurze Zeit eine Art Wettrennen gewesen sein muss. Nach den 40 Tagen in der Wüste wechselt Jesus schnell den Wirkungsort und ist nun in Galiläa aktiv. Am See Genezareth angekommen, beruft er sofort die ersten Jünger. Sie sind

Fischer, er ruft sie und verspricht, sie zu »Menschenfischern« zu machen. Sie erkennen die Dringlichkeit des Anliegens und lassen augenblicklich (*euthýs*) ihre Netze fallen (Mk 1,18), um ihm zu folgen. Als Jesus ein Stück weitergeht, sieht er zwei andere Fischer, die auch sofort (*euthýs*) von ihm berufen werden (Mk 1,20).

Als sie sich am folgenden Samstag im Fischerdorf Kafarnaum aufhalten, entschließt sich Jesus, unverzüglich (*euthýs*), in die dortige Synagoge zu gehen (Mk 1,21), um zu lehren. Weil er so schnell unterwegs ist, müssen sich selbst seine Feinde dem Rhythmus ihres Gegners anpassen. Jesus ist nämlich noch in der Synagoge, als plötzlich (*euthýs*) ein Mann auftaucht, der von einem unreinen Geist geplagt wird (Mk 1,23). Er wird natürlich sofort geheilt, so dass sich die Nachricht blitzschnell (*euthýs*) in ganz Galiläa verbreitet (Mk 1,28), und zwar noch bevor er die Synagoge verlässt, was ebenfalls sofort (*euthýs*) geschieht (Mk 1,29). Nun besucht Jesus das Haus von Simon und Andreas. Dort angekommen, wird ihm sofort (*euthýs*) berichtet, dass die Schwiegermutter des Simon krank ist (Mk 1,30). Natürlich trödelt Jesus nicht lange herum, sondern heilt sie sogleich. Daraufhin kommen viele Menschen aus der Gegend, die ihrerseits geheilt werden wollen. Jesus muss deshalb fliehen. Die Jünger eilen ihm nach (Mk 1,36).

> Im Evangelium des Markus geschieht alles, was Jesus tut, überstürzt und hastig.

Und auch das letzte Wunder im ersten Kapitel des Markusevangeliums ereignet sich gewissermaßen auf der Überholspur. Denn unmittelbar nach der Flucht begegnet Jesus einem kranken Mann, dessen Aussatz nach einer kurzen Intervention des Heilands sofort (*euthýs*) verschwindet (Mk 1,42). Dem Geheilten wird dabei nicht einmal die Zeit zugestanden sich zu bedanken, er wird augenblicklich (*euthýs*) weggeschickt.

In den folgenden 14 Kapiteln des Markusevangeliums kommt *euthýs* noch weitere 29-mal vor. Auffallend oft bezeichnet das Wort die Geschwindigkeit, mit der Jesus Wunder und Heilungen vollbringt. Immer wieder geht es aber auch darum, die Eile zu beschreiben, mit der Jesus sich von Ort zu Ort bewegt.

Dass Jesus als Wanderprediger tätig war, ist allgemein bekannt. Allerdings verbinden die meisten Menschen damit die Vorstellung von einem gemütlichen Durch-die-Landschaft-Streifen. Ganz so wird es vermutlich aber nicht gewesen sein. Denn Jesus bewegt sich von seiner Heimat Galiläa nach Samaria, dann kurz nach Judäa, hält sich anschließend auf der anderen Seite des Jordans in Peräa auf, um schließlich wieder nach Galiläa zu eilen. Dort verweilt er nur kurz, denn sein Weg führt ihn weiter über Tyrus und Sydon ins nördliche Phönizien. Ab da geht es weiter nach Cäsarea in die Tetrarchie des Herodes Philippus, dann noch weiter nach Süden in die Dekapolis am Ostufer des Sees Genezareth und schlussendlich zurück nach Galiläa.

Insgesamt dürfte er die meiste Zeit in seiner Heimat Galiläa verbracht haben, wo er sich auch am wohlsten fühlt. Von einer ruhigen Zeit kann aber auch hier nicht die Rede sein. Denn von seinem Heimatort Nazareth zieht er zunächst nach Kana, dann nach Magdala, Genezareth und Kafarnanum am Galiläischen See. Von dort nach Chorazin, Naim und – einem der beiden – Betsaida, hält sich dabei immer im Freien auf: auf dem Berg Tabor, auf dem Berg der Seligpreisungen und am Ufer des Sees. Jesus bewegt sich bei Tag und bei Nacht, zu Fuß, mit dem Boot und manchmal läuft er – nehmen wir den biblischen Text wörtlich – sogar auf dem

Wasser. Weder Sturm noch Hunger oder die Menge der Menschen, die ihn begleiten, können ihn aufhalten.

Die geografische Darstellung der Wanderungen Jesu zeugen nicht nur von einem beachtlichen Tempo, sondern auch von einer gewissen Planlosigkeit. Die Art und Weise, wie er sich fortbewegt, wirkt überstürzt und chaotisch. Der deutsch-jüdische Religionswissenschaftler Schalom ben Chorim hat einmal im Zusammenhang mit den Reisen des Paulus von einem »Amoklauf des Heils« gesprochen. Auch die Wanderroute Jesu während seines öffentlichen Auftretens kann so beschrieben werden. Das Evangelium nach Markus bringt diese Stimmung pointiert zum Ausdruck, wenn es kommentiert: »Sie fanden nicht einmal Zeit zum Essen.« (Mk 6,31)

> Jesus zieht bei seiner Wandertätigkeit einigermaßen planlos durch Galiläa.

Auf diesen Reisen ereignen sich aber nicht nur Wunder, es werden auch wichtige Dialoge geführt. Das berühmte Bekenntnis des Petrus etwa – »Du bist der Christus!« (Mk 8,29) –, das quasi die Geburtsstunde der Kirche markiert, geschieht »auf dem Weg« (Mk 8,27). Sarkastisch kommentierte der ehemalige Schweizer Mönch Hans Conrad Zander: »Man mag es heute noch kaum glauben: Die langsamste Institution der Welt, die katholische Kirche, wurde tatsächlich im Laufschritt gegründet!«

In gewisser Weise scheint es, als würden die Jünger die meiste Zeit hinter ihrem Lehrmeister herrennen. Jesus drängt sie immer wieder zum Weitergehen, sofort (*euthýs*) sollen sie ins Boot steigen (Mk 6,45), sofort (*euthýs*) in ein nahegelegenes Dorf gehen (Mk 11,2). Dabei dürften die beschwerlichen und nebenbei nicht ungefährlichen Fußmärsche vielen durchaus zu viel gewesen sein; denn es heißt, dass sich nicht wenige Anhänger »zurückziehen« (Joh 6,66). Und auch den Gegnern Jesu geht es nicht besser, sie hasten ihm andauernd hinterher: »Und er [Jesus] ließ sie [die Pharisäer] stehen und stieg wieder ein und fuhr an das andere Ufer.« (Mk 8,13)

Bei so viel Dynamik ist beinahe zu erwarten, dass auch das Ende des öffentlichen Wirkens Jesu ein plötzliches sein muss. Nach einem etwa zwölfmonatigen Gewaltmarsch des Messias schreitet Judas kurz entschlossen zum Verrat – vielleicht weil er wusste, dass man den ständig unter Strom stehenden Heiland nur durch eine schnelle Aktion stoppen konnte. Jedenfalls heißt es, er habe ihn plötzlich (*euthýs*) überrascht. Als Jesus noch redete (Mk 14,43), lief er augenblicklich (*euthýs*) auf ihn zu und küsste ihn. Auch die Hohenpriester und die Ältesten, die ihn verurteilen wollen, haben inzwischen offensichtlich gelernt, mit dem Tempo des Messias umzugehen, denn gleich (*euthýs*) am Morgen beschließen sie, ihn zu fesseln und zu Pilatus zu führen (Mk 15,1).

Erst als er am Kreuz festgenagelt ist, nimmt die Rastlosigkeit Jesu ein jähes und tragisches Ende.

»Die Armen habt ihr immer bei euch [...], mich aber habt ihr nicht immer.« (Mk 14,7)

Liebling der Frauen

Jesus ist zweifellos die in der Kunstgeschichte am häufigsten dargestellte Persönlichkeit. Wie er jedoch als Erwachsener aussah, ist in keiner der antiken Quellen überliefert. Die traditionelle christliche Ikonographie zeigt ihn als großen, jungen Mann mit langen Haaren, Bart und hagerer Gestalt, eine Darstellungsweise, die ihren Ursprung sehr wahrscheinlich in byzantinischer Kunstmotivik hat. Auf den ältesten Christus-Darstellungen, die in den römischen Katakomben zu finden sind, trägt er kurze Haare – wie es Paulus für gute Christen empfiehlt (1 Kor 11,14) – und keinen Bart. Und wenn er im Lukasevangelium wenig schmeichelhaft als »Fresser und Weinsäufer« (Lk 7,34) bezeichnet wird, deutet das möglicherweise darauf hin, dass Jesus nicht so schlank und athletisch war, wie oft dargestellt.

Immerhin geht aus den Evangelien klar hervor, dass Jesus weder fremdartig (Mk 14,44) noch göttlich (Joh 6,42) aussah. An seinem Erscheinungsbild konnte man offenbar nicht erkennen, dass es sich bei ihm um den Messias handelte (Mt 11,3). Er war weder größer noch wesentlich kleiner als seine Jünger, und so bedurfte es in jener Vollmondnacht bei seiner Gefangennahme tatsächlich des Judaskusses, um ihn eindeutig zu identifizieren (Mt 26,48-49).

Hässlich erscheint Jesus dann aber in der Sicht der frühen Kirchenväter. Justin beispielsweise nennt Jesus »missgestaltet«, Clemens von Alexandrien meinte, er sei »von hässlichem Aussehen« und bei Tertullian heißt es, er war ein Mann »ohne jede Schönheit und mit einem Körper, der eines gesunden Menschen nicht würdig ist«. Möglicherweise haben diese Äußerungen aber sehr wenig mit einer zutreffenden Erinnerung an den historischen Jesus zu tun, sondern verfolgen die theologische Absicht, ihn auch anhand seines Aussehens als den erwarteten Messias auszuweisen. Im Buch des Propheten Jesaja findet sich nämlich eine Verheißung, die die ersten Christen auf Jesus bezogen und die über den künftigen Heilsbringer sagt: »Und als wir ihn sahen, war sein Aussehen nicht so, dass wir Gefallen an ihm gefunden hätten« (Jes 53,2).

Einer der berühmtesten Kritiker des antiken Christentums, der Philosoph Kelsos, der ja offensichtlich keine (theologischen) Argumente liefern wollte, Jesus als Messias zu verstehen, stimmt allerdings ebenfalls dieser Beschreibung zu. Jesus sei »unedel, hässlich und klein« gewesen. Kelsos Hauptgegner Origenes dagegen folgert aus Psalm 45, Jesus sei »schöner als andere Menschen« (Ps 45,3). Hieronymus und Augustinus stimmen Origenes zu, und schließlich ist sich Thomas von Aquin sicher, dass in Jesu Gestalt die göttliche Vollkommenheit sichtbar geworden sei. Jesus sei demnach nicht nur attraktiv gewesen, sondern von geradezu umwerfender Schönheit. Ob Origenes aber wirklich das Äußere des Messias meinte oder eher seine besondere Ausstrahlung, muss offenbleiben. Ziemlich sicher ist, dass Jesus ungemein charismatisch gewesen sein muss und es schaffte, Menschen in kürzester Zeit von sich zu begeistern. Das war nicht nur bei

> Für manche antike Autoren war Jesus schön, für andere extrem hässlich.

den Männern so, die ihr bisheriges Leben aufgaben und ihre Ehefrauen und Familien verließen, um ihm nachzufolgen, sondern auch bei den Frauen.

Dass Jesu Erfolg bei Frauen in den Evangelien erinnert wird, ist durchaus bemerkenswert; denn diese Schriften vertreten grundsätzlich eine dem kulturellen Umfeld entsprechende, klar männerzentrierte Perspektive. Jesus selbst ist sicher auch kein Vorreiter der Emanzipation, sondern begegnet Frauen, wie es in der damaligen Zeit eben üblich war. Sie sind für ihn Objekte männlicher Begierde (Mt 5,28), werden verheiratet oder sind es schon (Mt 24,37-39), dienen grundsätzlich ihren (Ehe)Männern. Nichtsdestotrotz pflegt Jesus – im Gegensatz zum Gros der erfolgreichen Männer der antiken Welt – ein offenes Verhältnis zu Frauen. Er hat keine Berührungsängste und führt auch mit unverheirateten oder alleinstehenden Frauen persönliche Gespräche, was äußerst ungewöhnlich war (Joh 4,7-8.27).

Was die Evangelien außerdem preisgeben, ist, dass Jesus gerade bei sozial höhergestellten Frauen sehr gut angekommen sein dürfte. Sie folgen ihm nach und finanzieren mit ihrem Vermögen bzw. dem Vermögen ihrer Ehemänner die junge Jesusbewegung. Sowohl das Matthäusevangelium (Mt 27,55-56) als auch das Markusevangelium (Mk 15,40-41) erwähnen bei der Kreuzigungsszene in einer Nebenbemerkung, dass viele bzw. einige Frauen von Weitem zusahen. Drei von ihnen sind namentlich überliefert. An erster Stelle wird Maria von Magdala genannt, die eine besonders wichtige Rolle in der Jüngergruppe gespielt haben dürfte und nach einigen Apokryphen sowie späteren Überlieferungen als Gefährtin oder gar Ehefrau in einer besonderen Beziehung zu Jesus stand; dann gibt es eine zweite Maria, die Mutter des Jakobus und des Josef, und schließlich die Mutter der Zebedäussöhne Jakobus und Johannes, die im Lukasevangelium Salome genannt wird.

Im Lukasevangelium (Lk 8,1-3) erfahren wir mehr über diese Gruppe von Frauen, die Jesus auf seinen Wanderungen von sich begeistern konnte. Während der Messias mit den zwölf Jüngern von Dorf zu Dorf zieht, das ein oder andere Wunder tut, sich aber in erster Linie darauf konzentriert, das Evangelium vom Reich Gottes zu verkünden, organisieren die Frauen die gesamte Logistik für die Wander- und Predigttätigkeit der Gruppe. Besonders hervorgehoben wird Johanna, die Frau des Chuza, eines Verwaltungsbeamten des Herodes, und eine nicht näher identifizierte Susanna. Während die anderen Evangelien allgemein bleiben und die Tätigkeit der Frauen mit den Verben *akolouthéo* (folgen) und *diakonéo* (dienen) beschreiben, was sehr wahrscheinlich darauf hindeutet, dass die Frauen für die tägliche Versorgung der Gruppe mit Essen verantwortlich waren bzw. Unterkünfte organisierten, spezifiziert das Lukasevangelium die Art dieser Unterstützung genauer.

Die Frauen, die Jesus nachfolgten, stellten ihm und seinen zwölf Jüngern nämlich vor allem auch ihr Vermögen zur Verfügung. Maria von Magdala war nach späterer Überlieferung durchaus wohlhabend, aber auch die Frau des Zebedäus, deren Ehemann wahrscheinlich einen Fischfangbetrieb besaß, und Johanna, die als Frau eines hohen Beamten des Herodes gewissermaßen zur jüdischen Aristokratie zählte, finanzierten die Tätigkeiten Jesu. Eine dritte Frau, Martha, die Schwester von Maria und Lazarus, wird ebenfalls als Unterstützerin der Jesusbewegung erwähnt. Als Jesus einmal in ihrem Dorf eine Pause einlegt (Lk 10,38), wird er nämlich von Martha und nicht – wie es eigentlich zu erwarten wäre – von ihrem Bruder Lazarus bewirtet, was mit Blick auf die Größe der Gruppe, die mit Jesus anreiste, ein bestimmtes Vermögen voraussetzt.

Einige dieser Frauen dürften von ihrem Mäzenatentum einen gewissen Vorteil gehabt haben, denn sie wurden von Jesus geheilt oder von Dämonen befreit. Trotzdem handelte es sich bei ihnen gerade nicht – das betonen alle Evangelien – um arme, entrechtete, unterdrückte oder ausgestoßene Mitglieder der Gesellschaft, sondern um gut situierte Damen aus den oberen Schichten der jüdisch-römischen Society. Eine von ihnen, die Frau des römischen Präfekten von Judäa, versucht sogar, Jesus im letzten Moment vor dem Tod zu bewahren. Sie geht zu ihrem Mann Pilatus und fleht ihn an, »diesem Gerechten« nichts anzutun (Mt 27,19). Reichte Jesu Charme aus, um sie zu einer solchen nicht ganz ungefährlichen Intervention zu bewegen? Frauen hatten sich damals in die Politik ihrer erfolgreichen Männer selbstverständlich nicht einzumischen. Oder hatten Jesus und seine Fürsprecherin vielleicht sogar eine kleine Romanze. Man weiß es natürlich nicht, aber vor allem die apokryphen Evangelien deuten das Verhalten der Gattin des Präfekten, die später als Claudia Procula sogar heiliggesprochen wird, genau so.

> Jesus und die Jünger ließen sich von reichen Frauen aushalten, anstatt zu arbeiten.

Was nun die Außenwahrnehmung betrifft, muss der Umstand, dass die Jesusbewegung von Frauen finanziell unterstützt wurde, einigen jüdischen Zeitgenossen sehr befremdlich vorgekommen sein. Denn sowohl Jesus als Zimmermann als auch seine Jünger hatten eigentlich einen Beruf, mit dem sie sich und ihre Familien hätten ernähren können und – laut jüdischem Gesetz – auch sollen. Für die Familie zu sorgen war die Aufgabe eines jeden jüdischen Mannes. Jesus zog es aber vor, ergreifende Reden über den allmächtigen Gott zu halten, den er seinen Vater nannte, und sich ausgerechnet vom schwachen Geschlecht durchfüttern zu lassen. Ein paar Jahre nach seinem Tod traten in der Jesusbewegung in der Gemeinde von Thessaloniki offenbar Menschen auf, die sich Jesus in dieser Hinsicht zum Beispiel nahmen. Paulus sieht darum die Notwendigkeit in einem Brief an die Gemeinde klarzustellen: »Wer nicht arbeiten will, der soll auch nicht essen!« (2 Thess 3,10) Er korrigiert damit offensichtlich den Lifestyle Jesu und seiner Jünger, die auf ihrer Wanderschaft keinen einzigen Tag gearbeitet, sehr wohl aber gegessen bzw. nicht selten an opulenten Gastmählern teilgenommen haben wie das Lukasevangelium mehrfach festhält (Lk 5,29-32; 7,36-50; 14,1-24; 11,37-54; 19,1-10).

Möglicherweise hatte dieser Habitus des Heilands in der griechischen Hafenstadt Schule gemacht, und auch andere Männer aus der jungen christlichen Gemeinde fanden es reizvoll, sich von wohlhabenden Frauen aushalten und verwöhnen zu lassen, anstatt zu arbeiten. Der sittenstrenge Paulus hatte damit jedenfalls ein Problem und wäre wohl auch mit Jesus, hätte er ihn jemals persönlich kennengelernt, nicht ganz einverstanden gewesen.

Ein früher Aufklärer und großer Kritiker des Christentums, Hermann Samuel Reimarus, ist in einem erst 1778 – also gut zehn Jahre nach seinem Tod – von Gotthold Ephraim Lessing veröffentlichten Fragment mit dem Titel »Von dem Zwecke Jesu und seiner Jünger« dann auch davon überzeugt, dass, als nach dem Tod Jesu das weltliche Heil ausblieb und viele Menschen mit Spott und Hohn auf den Tod des angeblichen Königs der Juden reagierten, die Apostel und Evangelisten – gewissermaßen als Gegenreaktion – die Lehre vom leidenden geistlichen Erlöser der Menschheit »erfanden«. Dazu gehört auch ein Konzept von Kirche, das darauf abzielte, reiche und gutgläubige Frauen dazu zu bringen, Geld und materielle Güter zu spenden, damit die männlichen Lehrer den Lebensstil Jesu fortsetzen konnten. Albert Schweizer griff in seiner *Geschichte der Leben-Jesu-Forschung* diesen Gedanken auf und kommentiert sarkastisch, aber wohl nicht ganz unzutreffend: »Die Freunde des Messias hatten auf ihren Reisen das Arbeiten verlernt. Sie hatten gesehen, daß [...] die Frauen, von denen Lukas 8,2.3 berichtet, sich die Mühe gemacht hatten, den Messias und seine zukünftigen Minister gut zu versorgen. Warum sollte diese Existenz nicht fortgesetzt werden?«

> Männer, die sich von Frauen finanzieren lassen, das ist die Grundidee der Kirche.

Aus dieser Überlegung heraus, entstand dann offensichtlich die Priester-zentrierte Kirche.

»Begreift und versteht ihr denn immer noch gar nichts?« (Mk 8,17)

Führer einer Gruppe von eingebildeten Männern

Jesus war zweifellos eine Führungspersönlichkeit. Wo er auftrat und predigte, flogen ihm die Herzen geradezu zu. Er wirkte Wunder, so dass er ständig von Armen und Kranken umgeben war; er sprach lebensnah, weshalb gerade einfache Menschen in seinen Worten Hoffnung und Zuversicht fanden. Und natürlich übte auch seine solidarische und egalitäre Ethik große Anziehungskraft aus. Schließlich strahlte er Gewissheit aus, war von seiner Sache überzeugt, und dürfte – glaubt man den biblischen Berichten – auch ein ausgezeichneter Menschenkenner gewesen sein.

Gerade diese Sensibilität für das Anderssein der anderen konnte ihn aber auch vorsichtig und misstrauisch sein lassen. Das Johannesevangelium hält in einer Passage, in der es um das Verhältnis Jesu zu seinen Anhängern geht, fest: »Jesus aber vertraute sich selbst ihnen nicht an, weil er sie alle kannte und es nicht nötig hatte, dass jemand über den Menschen Zeugnis ablegte; denn er wusste, was im Menschen war.« (Joh 2,24-25)

Bei aller Zurückhaltung anderen Menschen gegenüber war Jesus offenbar aber klar, dass er Helfer brauchte. Es sind jüdische Männer, die ihn während seines öffentlichen Wirkens begleiteten, darin sind sich – auch wenn die moderne feministische Exegese gerne andere Befunde präsentieren möchte – alle evangelischen Berichte einig. Das ist es dann aber auch schon an Übereinstimmung. Wie groß die Jesus begleitende Gruppe war, welche Aufgabe sie hatte und wie die einzelnen Personen hießen, wird sehr unterschiedlich erinnert. So tauchen im Neuen Testament viermal Listen mit zwölf Namen auf; das Johannesevangelium, das ebenfalls von den »Zwölf« spricht, führt merkwürdigerweise aber erst relativ spät eine Liste von lediglich sieben Jüngern an, von denen zwei anonym bleiben und einer den sonst nirgends bezeugten Namen Nathanael von Kana trägt (Joh 21,2). Aber auch in den anderen Evangelien und in der Apostelgeschichte ist die Liste nicht immer gleich: Namen, Beinamen und Reihenfolge ändern sich. Im Lukasevangelium zum Beispiel erscheint statt Thaddäus ein Thomas und statt Simon »der Kananäer«, also ein Bewohner Kanaans – ein Ländername, der zur Zeit Jesu schon keine Bedeutung mehr hatte – »Simon der Zelot«, also ein Anhänger einer kämpferisch eingestellten antirömischen, nationalistischen, heute würde man sagen terroristischen, Bewegung (Lk 6,14-16). Während Petrus immer an erster und Judas Iskariot immer an letzter Stelle genannt wird, wechselt die Reihenfolge der anderen von Text zu Text.

Zumindest solange Jesus am Leben ist, bleibt die Zahl Zwölf als Größe der Jüngergruppe stabil. Judas Iskariot wird auch nach seinem Verrat als einer der Zwölf angeführt, die beim Letzten Abendmahl dabei waren, und kommt bei Paulus sogar als Zeuge der Auferstehung vor, obwohl er laut dem Matthäusevangelium eigentlich bereits verstorben hätte sein sollen. Als er die Gruppe aber endgültig verlässt, wird er sofort durch einen gewissen Matthias ersetzt, der sich in einem Losverfahren gegen einen anderen Konkurrenten namens Josef durchgesetzt hat. Vor allem das Matthäusevangelium konzipiert die Gruppe darüber hinaus als eine Art Familie: Die Zwölf sind nicht nur Jünger, sondern auch Brüder. Das entspricht sicher nicht der historischen Realität, denn unter den Zwölf gab es nur zwei Geschwisterpaare, Jakobus und Johannes sowie Simon und Andreas. Den Autoren des Textes ging es dabei aber auch nicht um die Realität, sondern um die Symbolik: Die zwölf Apostel sollten genauso als Brüder gesehen werden wie die zwölf Söhne Jakobs im Genesisbuch, die als Stammväter der Volkgruppen galten, die das Volk Israel bildeten.

Jesus dürfte bei der Zusammensetzung der Gruppe durchaus auf Diversität geachtet haben. Seine Jünger hatten unterschiedliche Herkunft, unterschiedliche Berufe, unterschiedliche politische und religiöse Einstellungen. Sie gehörten auch unterschiedlichen sozialen Schichten an. Es gab den Zöllner und Steuereintreiber, der für die römische Besatzungsmacht arbeitete, aber auch einen Angehörigen der Zelotenbewegung, die mit Waffengewalt gegen die Fremdherrschaft und ihre Steuerpolitik vorging, außerdem die Fischer, also einfache Arbeiter, die als Steuerzahler die eigentlichen Opfer des ausbeuterischen römischen Imperiums waren. Unter ihnen finden sich jüdische Namen, die an die Tradition der Erzväter – Jakobus, Judas, Simeon, Levi – sowie an die Makkabäer, das letzte Königsgeschlecht vor der römischen Besatzung, erinnern – Matthäus und Johannes – aber auch griechische Namen – Andreas und Philippus. Die beiden Letzteren stammen aus Betsaida, einer hellenistisch geprägten Stadt, die der Tetrarch Herodes

Philippus zu Ehren der Tochter des Kaisers Augustus

> Die Gruppe der Jünger war bunt gemischt, sie rivalisierten um Einfluss.

in Julia umbenannte. Sie sprachen nicht nur aramäisch, sondern wahrscheinlich auch griechisch. Johannes und sein Bruder Jakobus stammten sogar möglicherweise von einem priesterlichen Geschlecht ab. Immerhin konnte Johannes nach der Gefangennahme Jesu problemlos das Haus des Hohenpriesters betreten und auch wieder verlassen und zählte gemeinsam mit Judas, der die Kasse der Gruppe verwaltete, zu den Gebildetsten unter den Jüngern.

Aufschlussreich sind auch die Beinamen der Zwölf. Sie beziehen sich auf ihren Herkunftsort, die Familie oder sind aussagekräftige Spitznamen. Der bekannteste ist sicherlich »Petrus« für Simon. Das ist die Übersetzung des aramäischen Wortes *kefas*, das Stein bedeutet, was nicht so sehr auf die Stärke und Festigkeit, sondern eher auf die Hartnäckigkeit oder besser: die Sturheit des ehemaligen Fischers hinweisen soll. Auch Thomas ist ein Beiname, denn im Aramäischen bedeutet *toma* »Zwilling«, was das Johannesevangelium auch ins Griechische übersetzt (*dídymus*). Die Frage nach dem richtigen Namen dieses Jüngers bzw. wessen Zwilling er war, kann heute nicht mehr beantwortet werden. Im koptischen *Buch des Thomas* aus dem vierten Jahrhundert heißt er Judas Thomas und wird sogar als Zwillingsbruder Jesu identifiziert. Im Johannesevangelium dient der Beiname zur Unterscheidung von dem anderen Judas, der aus dem Dorf Kariot stammte, was wohl auch der Beiname Iskariot (auf Hebräisch: »Mann aus Kariot«) zum Ausdruck bringen soll. Dieser war auch der einzige Jünger aus Judäa, alle anderen stammten aus Galiläa.

Die Gruppe der Zwölf war darum nicht homogen und sich untereinander auch nur selten einig. Schon zu Lebzeiten Jesu kam es zu Streitigkeiten, die sich auch nach seinem Tod fortsetzten. Das dürfte zum einen damit zusammenhängen, dass sie oft einfach nicht verstanden, was Jesus ihnen sagen wollte. An mehreren Stellen sprechen die Evangelien davon, dass die Jünger keine Einsicht hatten (Mk 6,52), es aber dennoch nicht wagten nachzufragen und lieber in ihrer Unwissenheit verharrten: »Sie aber verstanden das Wort nicht und fürchteten sich, ihn zu fragen.« (Mk 9,32 und noch schärfer in Lk 9,45) Mit ihrer Ignoranz brachten die Zwölf Jesus manchmal an den Rand der Verzweiflung. So fragt er einmal unglücklich und kopfschüttelnd: »Versteht ihr denn wirklich gar nichts?« (Mk 8,17) »Augen habt ihr und seht nicht, Ohren habt ihr und hört nicht« (Mk 8,18), kommentiert kurz darauf ein immer noch entnervter Jesus und nach einer Weile wiederholt er: »Versteht ihr immer noch nicht?« (Mk 8,21)

> Die Jünger verstanden nur selten die Worte Jesu, der zunehmend daran verzweifelte.

Ganz egal, wieviel Mühe sich Jesus gibt, die Jünger haben eine lange Leitung, wenn er Gleichnisse erzählt (Mt 16,5-12), begreifen nicht, wenn er von seinem Tod (Lk 18,34) oder seiner Auferstehung spricht; außerdem fragen sie nicht nach, sondern grübeln ohne brauchbare Ergebnisse (Mt 17,23). Diese Darstellung deckt sich weitgehend mit dem Befund in der apokryphen Literatur. Im *Buch des Thomas* vertraut sich ein einigermaßen verzagter Jesus seinem Freund an: »Wenn schon das, was sie sehen können, ihnen verborgen bleibt, wie können sie dann verstehen, was nicht zu sehen ist?« Ob die von Jesus auserwählten Männer wirklich so dumm waren oder ob hinter diesen Aussagen eine theologische Absicht steht, etwa dass die Lehre Jesu durchaus schwer verständlich ist und man sich ihr daher mit größter Hingabe widmen muss, lässt sich heute nicht mehr entscheiden.

Was die Jünger aber begriffen haben dürften, ist, dass sie sich als Gefährten Jesu in einer relativ mächtigen Position befanden. Und diese wollten sie nicht verlieren. Deshalb sind sie sogar bereit, die ersten Exkommunikationen auszusprechen: Sowohl das Markus- (Mk 9,38-40) als auch das Lukasevangelium (Lk 9,49-50) berichten, dass Johannes einem Mann verbieten will, Dämonen auszutreiben, weil er nicht zur Gruppe Jesu gehört. Das Matthäusevangelium greift das selbstkritisch auf, wenn es heißt, dass die Jünger vielleicht aus Neid oder Missgunst gehandelt haben, weil es ihnen trotz der klaren Aufforderung Jesu nicht gelang, selbst Exorzismen durchzuführen (Mt 17,16). So oder so waren die Jünger davon überzeugt, etwas Besseres zu sein. Dieses Bewusstsein bzw. das dazu passende Verhalten waren vermutlich nicht gerade hilfreich, weitere Anhänger zu gewinnen oder die, die dabei waren, auch bei der Stange zu halten. So liest man bei Johannes: »Viele seiner Jünger gingen zurück zu dem, was sie zurückgelassen hatten ...« (Joh 6,66).

> Die Jünger Jesu waren davon überzeugt, etwas Besseres zu sein.

Die Texte überliefern eine Erinnerung daran, dass die Jünger nicht immer als Teamplayer auftraten. Das erklärt auch, warum Jesus selbst eine Rangfolge unter ihnen festlegt. Die Szene aus dem zwanzigsten Kapitel des Matthäusevangeliums erinnert in gewisser Weise an den Nachwuchsfußball, wo der Trainer von überambitionierten Eltern belagert wird. Im Fall von Jesus erscheint die Mutter von Jakobus und Johannes und bittet um zwei Ehrenplätze für ihre Söhne im künftigen Himmelreich (Mt 20,21). Im Markusevangelium dagegen bittet das Geschwisterpaar selbst um die eigene »Beförderung« (Mk 10,35). Die Folgen bleiben dieselben: Die anderen zehn Jünger reagieren verärgert: »Und es erhob sich ein Streit unter ihnen, wer von ihnen der Größte sei.« (Lk 22,24) Jesus versucht zwar, den Streit zu schlichten, bleibt aber erfolglos und beweist in dieser Hinsicht keine große Führungskompetenz.

Dass die eingeschworene Gruppe sich schließlich, als die Situation komplizierter wird, lieber in Luft auflöst, als ihrem Meister beizustehen, zeigt ziemlich deutlich, dass Jesus bei der Auswahl seiner Jünger nicht unbedingt eine glückliche Hand hatte. Kurz nach seiner Gefangennahme sind nämlich die ersten zehn Jünger schnell verschwunden, einer der Zwölf hat ihn sogar verraten. Und derjenige, der Jesu Erbe als Anführer hätte antreten sollen, schimpft über ihn und schwört dreimal hintereinander, ihn nie gekannt zu haben. Alle vier Evangelien berichten von der Verleugnung des Petrus in der Nacht der Gefangennahme (Mk 14,66-72; Mt 26,69-75; Lk 22,55-62; Joh 18,15-27), und das Johannesevangelium ist noch negativer, ja beinahe zynisch, wenn es beschreibt, dass der künftige Leader der Gruppe am Ostermorgen sogar den Wettlauf zum leeren Grab gegen Maria Magdalena verliert.

Als die Jüngergruppe nach der Auferstehung wieder zusammenkommt, ist die Situation nicht viel besser. Die Szene aus dem nur fragmentarisch erhaltenen *Evangelium der Maria*, einer gnostischen Schrift aus dem zweiten Jahrhundert, schildert eine heftige Auseinandersetzung zwischen Andreas und Petrus auf der einen und Maria Magdalena und (zunächst) Levi (auch Matthäus genannt) auf der anderen Seite. Es ging dabei darum, wem Jesus mehr Geheimnisse anvertraut hatte und wer deshalb der Größere sei. Da schon das apokryphe *Philippusevangelium* explizit davon spricht, dass Jesus »Maria mehr liebte als alle seine Jünger« (PhilEv 55b), hatte Petrus wohl einen konkreten Grund, die Herzensdame Jesu auszubooten, damit der Kampf um den ersten Platz nur noch unter Männern ausgetragen werden konnte und er also die besseren Chancen auf einen Sieg hatte. Das gelingt dem im *Marienevangelium* als Choleriker dargestellten Petrus auch ganz gut und er kann sich in der Folge in Ruhe der Predigtarbeit widmen bzw. sich seiner Vorherrschaft erfreuen.

Jesus ist zu diesem Zeitpunkt längst in den Himmel aufgefahren. Die Gruppe seiner Jünger zeichnet sich wie schon zu seinen Lebzeiten vor allem durch Uneinigkeit und Zwietracht aus. Jesus hat, wie es aussieht, eine bunte und nicht besonders scharfsinnige Truppe an Egoisten berufen, die in der Zeit, da sie ihm nachfolgten, leider nicht allzu viel verstanden, geschweige denn gelernt hatten.

Wie war Jesus wirklich?

Ein Schlusswort

Getrieben von persönlicher Frömmigkeit oder politischen, möglicherweise sogar manipulatorischen Interessen, von religiösem Eifer oder der Sehnsucht nach einer besseren Welt: In den vergangenen 2.000 Jahren entstanden zahlreiche Jesus-Bilder, fanden Anhänger und wurden verbreitet. Der Mann aus Nazareth wurde zur Projektionsfläche verschiedenster Wünsche und Bedürfnisse. So konnte er Religionsgründer sein oder ein revolutionärer Bauernführen, ein barmherziger Lehrer ebenso wie ein kämpferischer Sozialreformer, ein friedfertiger Prediger, nachdenklicher Philosoph und natürlich ein irdischer Erlöser ebenso wie der Gottessohn. Mögen all diese Jesus-Bilder auch eklatante inhaltliche Unterschiede aufweisen, eines haben sie gemeinsam: Sie sind in sich stimmig, (weitgehend) ohne Spannungen.

Diese Eindeutigkeit wird jedoch um einen hohen Preis erkauft: Man erreicht sie nur, wenn man aus den antiken Quellen genau jene Informationen herausgreift, die zur eigenen Interpretation, zum eigenen Bild von Jesus passen. Was stört, muss man weglassen, vergessen oder mithilfe von sprach- und literaturwissenschaftlichen Methoden entkräften, als Interpolation abtun oder als sekundär brandmarken.

In diesem Buch ging es vor allem darum, die »störenden« Texte in den Blick zu nehmen. Texte, die man selten liest oder einfach nicht lesen möchte. Texte, die manches liebgewonnene Jesus-Bild infrage stellen, die möglicherweise sogar als anstößig und skandalös wahrgenommen werden.

Gerade diese Texte tragen aber dazu bei, Jesus in einem neuen Licht zu sehen. Es sind die anstößigen Texte, die Jesus menschlicher und darum nahbarer machen. Und zugleich machen sie sichtbar, wie unmöglich es ist, mit seiner Persönlichkeit »fertig« zu werden. Gerade darum ging es in diesem Buch: Es sollte nicht ein weiteres, in sich »stimmiges« und glattes Jesus-Bild entworfen werden. Es wurde nicht die eine Geschichte von Jesus erzählt, sondern die vielen unterschiedlichen Sichtweisen in den Blick genommen, die es gerade am Beginn des Christentums gab.

Mögen diese Sichtweisen auch oft interessegeleitet gewesen sein, so trugen sie doch auch immer Erinnerungen weiter an eine Person, die nicht auf den Punkt zu bringen war und ist, deren Wirken immer neu bedacht und neu entdeckt wurde und die sich darum gerade nicht in eines der vielen Schemata pressen lässt, die im Lauf von über zwei Jahrtausenden Rezeptionsgeschichte von ihr entworfen worden sind.

Penguin Random House Verlagsgruppe FSC® N001967

1. Auflage
Copyright © 2024 Gütersloher Verlagshaus, Gütersloh,
in der Penguin Random House Verlagsgruppe GmbH,
Neumarkter Str. 28, 81673 München

Umschlagzeichnung: Caroline Klasen, Aachen
Druck und Bindung: GGP Media GmbH, Pößneck
Printed in Germany
ISBN 978-3-579-06238-9
www.gtvh.de

Der große Faktencheck zur wohl sonderbarsten Geschichte des Christentums

Simone und Claudia Paganini

Auferstanden, oder?
Der große Faktencheck zur Ostergeschichte

Beschreiben die Berichte von der Auferstehung Jesu ein wahres Ereignis? Wir wissen es nicht. Was wir aber wissen: Die Passionsgeschichten standen in einem krassen Widerspruch zu dem, was die Menschen zur Zeit Jesu glaubten. Niemand erwartete einen Messias, der starb und auferweckt wurde.
Die Mitglieder der Gemeinschaft um Jesus erlebten aber genau das: dass ihr Lehrer lebte und dass seine Botschaft weiterging. Wenn sie davon erzählen wollten, dann mussten sie auf Sachverhalte zurückgreifen, die im Umfeld ihrer Zeit anschlussfähig waren. Darum geht es in diesem Buch. Wer kann dieser Judas gewesen sein, der Jesus verraten haben soll? Was hat es mit Pontius Pilatus auf sich und wie muss man sich einen Prozess und eine Kreuzigung vorstellen? Welche Vorstellungen gab es vom Tod und dem Danach? Die Antworten auf diese Fragen vermitteln eine neue Perspektive auf eine sehr alte und doch immer neue Geschichte.

GÜTERSLOHER
VERLAGSHAUS

www.gtvh.de